새 하늘과 새 땅,
그리고 새 예루살렘

The New Jerusalem
Our Eternal Home

by Robert Govett, M.A.

새 하늘과 새 땅, 그리고 새 예루살렘

로버트 고벳 지음 | 이종수 옮김

형제들의 집

차 례

제 1장 새 하늘과 새 땅 7
제 2장 인간의 최후 운명 17
제 3장 새 예루살렘 30
제 4장 새 예루살렘의 크기 51
제 5장 새 예루살렘의 건축 재료 64
제 6장 새 예루살렘과 그 기초 81
제 7장 만국과 땅의 왕들의 순례 86
제 8장 하나님의 낙원 - 강과 나무 122
   생명나무
   새 예루살렘 시민들의 특권
   새 예루살렘과 낙원, 에덴의 발전
   에덴
   아브라함
   모세 아래에 있는 이스라엘
   물두멍
   순금으로 싼 진설병 상
   등잔대

분향단
언약궤
영원한 세계
하나님의 도시
동산
하나님의 계획에서 선한 행위가 차지하는 자리

저자 소개.. 212

제 1장 새 하늘과 새 땅

　새 하늘들(heavens)과 새 땅을 묘사하는 내용은 요한계시록의 마지막 두 개의 장에 있다. 요한계시록 20장에서 우리는 그리스도의 천년 통치와 사탄이 감옥에서 풀려난 일로 인해서 곡과 마곡의 반란이 일어나는 것을 볼 수 있다. 이에 하나님의 불이 하늘에서 내려오게 될 것이고, 이러한 반역세력들과 땅을 태워버리게 될 것이다. 그리고 나서 죽은 자들의 심판이 있게 될 것이다. 이 때 살아있는 이방민족들의 심판도 있을 것이다. 모든 이방민족들이 사탄이 주도하는 반역에 동참하는 것은 아니다. 이스라엘은 확실히 이 반역에 참여하지 않을 것이다. 악한 자의 반역은 이스라엘과 예루살렘을 목표로 하고 있기 때문이다. 생명책이 마지막 심판의 순간에 펼쳐지게 될 것이다. 허다한 사람들의 운명이 생명책에 달려 있다. 왜냐하면 생명책에 이름이 기록되지 않은 사람들은 지옥 불못에 던져지게 될 것이기 때문이다.

"또 내가 보니 죽은 자들이 큰 자나 작은 자나 그 보좌 앞에 서 있는데 책들이 펴 있고 또 다른 책이 펴졌으니 곧 생명책이라 죽은 자들이 자기 행위를 따라 책들에 기록된 대로 심판을 받으니 … 누구든지 생명책에 기록되지 못한 자는 불못에 던져지더라."(계 20:12, 15)

그 다음 장에서 이 책이 다루고자 하는 주제가 시작된다.

"또 내가 새 하늘과 새 땅을 보니 처음 하늘과 처음 땅이 없어졌고 바다도 다시 있지 않더라."(계 21:1)

구약시대의 선지자들의 글에 천년왕국에 대한 예언이 차지하고 있는 비중과 비교했을 때, 요한계시록에서 차지하는 천년왕국의 내용이 이토록 적다는 점은 참으로 흥미로운 일이 아닐 수 없다. 그럼에도 하나님의 계획이 이 마지막 책에서 확실하게 성취되고 있는데, 이것은 지극히 높으신 하나님의 특별한 선물이라고 할 수 있다.

옛 하늘과 옛 땅은 완전히 없어지고, 이전과는 전혀 다르고도 새로운 하늘과 땅이 나타나게 될 것이다.

이런 것은 결코 인간의 계획이라고 할 수 없다. 특히 과학자들이 이러한 성경의 진리를 반대한다. '지극히 높으신 하나님께서 세상을 원래의 원자로 축소한 다음, 동일한 물질을 새롭게 변환시킨 후에 세상을 재구성할 수 없단 말인가? 하나님께서 그렇게 하고자 하신다면, 의심의 여지없이 하나님께서는 그렇게 하실 수 있다. 다만 하나님께서는 옛 하늘과 땅을 완전히 새롭게 하고 싶어 하시는 계획을 우리에게 조심스럽게 가르쳐 주고 계신다.

(1) "또 내가 크고 흰 보좌와 그 위에 앉으신 이를 보니 땅과 하늘이 그 앞에서 피하여 간 데 없더라."(계 20:11) 옛 하늘과 옛 땅은 새 하늘과 새 땅과 함께 공존할 수 없다. 다만 옛 것은 새 것으로 변환될 것이다.

(2) 베드로는 이에 대해서 무엇이라고 말했는가? "주의 날이 도둑 같이 오리니 그 날에는 하늘이 큰 소리로 떠나가고 물질이 뜨거운 불에 풀어지고 땅과 그 중에 있는 모든 일이 드러나리로다 … 하나님의 날이 임하기를 바라보고 간절히 사모하라 그 날에 하늘이 불에 타서 풀어지고 물질이 뜨거운 불에 녹아지려니와 우리는 그의 약속대로 의가 있는 곳인 새 하늘과 새 땅을 바라보도다."(벧후 3:10-13)

그렇다면 지구 상의 모든 고체는 원자단위로 해체될 뿐만 아니라 원자 자체도 뜨거운 불에 의해서 소멸될 것이다. 이로써 전혀 새로운 하늘과 땅이 그 자리를 대체하게 될 것이다. 세상은 원래 무에서 창조되었기 때문에, 다시 무로 돌아감으로써 결국 해체되는 것이다(히 11:3 참조).

(3) 레위기에 나타나 있는 나병환자의 집을 다루는 원칙도 동일한 교훈을 주고 있다. 만일 약속의 땅에서 어떤 집에 나병이 발생하면 제사장은 나병의 여부를 살펴야 했다. 제사장은 집을 살펴보기 전에 우선 집을 비우도록 지시했다. 나병의 증거를 발견하면 7일 동안 그 집을 폐쇄해야 했다. 7일 끝에 가서 색점이

벽에 퍼졌으면, 색점이 퍼진 돌을 빼내어 성 밖, 부정한 곳에 버리게 하고, 그 자리에 새로운 돌을 집어넣고, 집을 다른 흙으로 바르도록 조치해야 했다. 이것은 땅이 새롭게 되는 천년왕국에 대한 예표였다. 그리고 나서 그 후에 색점이 재발하면 집 자체가 부정하게 된 것으로 판단하고서, 그 집을 헐고 돌과 재목과 그 집의 모든 흙을 성 밖 부정한 곳으로 옮겨야 했다. 마찬가지로 천년왕국의 시대에 땅을 새롭게 하였음에도 죄가 또 다시 땅을 침범하였고 이에 또 다시 부정하게 되었기에 더 이상 사용할 수 없었다(레 14장).

"바다도 다시 있지 않더라."(계 21:1)

바다는 노아의 홍수 때 심판과 죽음의 대리자였다. 바다의 쉼 없는 파도는, 곧 평온함을 얻지 못하고 요동하는 악인들을 묘사하는 그림이다(사 57:20). 그러므로 바다는 안식과 생명을 누리는 영원한 시대에 적합하지 않다.

"또 내가 보매 거룩한 성 새 예루살렘이 하나님께로부터 하늘에서 내려오니 그 준비한 것이 신부가 남편을 위하여 단장한 것 같더라."(계 21:2)

요한이 본 것은 실제 도시였다. 즉 부활한 성도들의 영원한 거주지다. 새 예루살렘은 어떤 신학자들이 말하는 것처럼, 그저 교회의 상징이 아니다. 교회는 요한계시록 전체적으로 볼 때, 하나의 몸으로 제시된 적이 없고 오히려 일곱 교회로 소개되고 있다. 그러므로 여기에 나타난 것처럼 아름다운 완전체와는 거리가 멀다. 게다가 새 예루살렘은 거주지이며, 교회 또는 그리스도의 몸의 지체들만 거주하는 곳이 아니라 구약시대 족장들과 율법 아래에서 구원받은 사람들의 거주지이기도 하다(계 21:12).

이 구절을 문자적으로 받아들이는 것은 아무런 문제가 없다. 즉 새 예루살렘의 모든 것은 문자적인 설명이다. 성벽, 성문, 기초석 등은 실제 도시를 이루고 있는 구조물일 뿐만 아니라 이 도시의 완전성을 묘사하고 있다. 사도 바울은 히브리서 11장에서, 믿음의 족장들이 소망했던 것을 설명하면서, 이 새 성 예루살렘을 문자적으로 믿었던 것으로 소개하고 있다. 즉 아브라함과 이삭과 야곱은 이 세상에서 순례자처럼 장막에 거하는 삶에 만족했는데, 이는 "하나님이 계획하시고 지으실 터가 있는 성을 바랐기"(히 11:10) 때문이었다. 그러므로 족장들은 믿음으로 스스로를 땅에서는 외국인과 나그네로 자처하였으며, "그들이 이제는 더 나은 본향을 사모하니 곧 하늘에 있는 것이라 이러므로 하나님이 그들의 하나님이라 일컬음 받으심을 부끄러워하지 아니하시고 그들을 위하여 한 성을 예비하셨던"(히 11:13-16) 것이다. 그러므로 우리 또한 믿는 즉시 "시온 산과 살아 계신 하나님의 도성인 하늘의 예루살렘"(히 12:22)을 바라보아야 한다. 왜냐하면 "여기에는 우리가 영구적으로 살 수 있는 도시가 없기에 장차 올 것을 찾아야 하기" 때문이다(히 13:14).

지금 있는 예루살렘(곧 여종인 하갈)이 우리 어머니가 아니라, 위에 있는 예루살렘(곧 자유 하는 여인인 사라)이 우리 어머니다

(갈 4장, 빌 3:20). 새로운 세상에서, 하나님은 새로운 중심을 선택하셨다. 구세주의 임재로 인해서 옛 예루살렘은 영원히 밝히 빛나지 못하게 될 것이다. "첫 것은 낡아지게 하신 것이니 낡아지고 쇠하는 것은 없어져 가는 것이니라."(히 8:13) 새로운 세상에서 하나님의 새로운 중심은 바로 "거룩한 성 새 예루살렘"이다. 현재 예루살렘은 하나님을 대적하며, 인간의 불의로 가득 차 있다. 우리 주님을 십자가에서 살해하는 과정에서 위선과 불법의 극치에 이르렀다. 사탄 자신도 이 과정에 참여했으며, 우리 주님을 시험하고, 유다에게 들어가 주님을 배신하도록 조정했다. 주님이 판결하신 대로, 예루살렘은 살인자들의 도시로서 로마인들에 의해서 불태워졌다. 장차 예루살렘은 심판에 의해서 속량을 받게 될 것이며, 천년왕국 시대에는 거룩하게 될 것이다(욜 3:17, 사 4:3, 52:1, 슥 14:21).

요한은 이 거룩한 도시가 "하나님께로부터" 내려오는 것을 보았다. 악인들을 멸망시키는 불이 바로 직전에 하늘에서 내려왔고, 옛 땅을 불태웠다. 바로 여기에 복스러운 대조가 있다. 즉 큰 맷돌이 바다에 던져지듯이 큰 음녀였던 바벨론은 땅속 깊은 곳에 던져졌지만(계 18:21), 새 성 예루살렘은 남편을 위하여 단장한 신부처럼 하늘에서 내려오게 될 것이다.

하나님의 도시가 완전한 모습을 갖추고서 하늘에서 지상으로 내려올 것이다. 천년 동안 땅 위에 머물러 있게 될 것이다. 하늘에서 내려오는 새 예루살렘은 "그 준비한 것이 신부가 남편을 위하여 단장한 것 같은" 모습이었다. 즉 새 아담이신 그리스도를 위하여 준비된 새로운 이브인 것이다. 옛 창조에 속한 무죄의 시대는 지나갔고, 의(義)가 하늘에서 내려왔다. 새로운 이브는 처음 창조의 때처럼 벗은 모습이 아니었다. 빛나고 깨끗한 세마포 옷을 입었고, 아름답게 단장했다. 그녀에게선 찬란한 빛이 빛을 발하고 있었고, 그녀의 가슴은 금과 진주로 장식되어 있으며, 열두 기초석은 여왕의 옷처럼 여러 색깔을 띠고 있는 옷과 같았다. 그녀는 바벨론과 대조적인 특징을 띠고 있다. 바벨론은 음녀의 도시로, "자주 옷과 붉은 옷을 입고 금과 보석과 진주로 꾸몄으며"(계 18:16), 땅의 임금들과 더불어 음행하였고, 마침내 짐승의 지원을 받고서 어린 양의 큰 원수 노릇을 하게 될 것이다(계 17장).

엘리에셀이 준비해간 은금패물과 의복과 보석으로 자신을 장식하고서 이삭에게 신부로 인도되었던 리브가는 바로 이 천상의 도시의 예표였다. 리브가는 이삭을 바라보고 낙타에서 내렸다. 이삭은 어린 양의 예표였다. 아브라함이 이삭을 번제로 바치고자 했을 때, 이삭은 저항하지 않았다. 이처럼 어린 양과 같은 그의 성품이 이렇게 드러난 후에야 신부를 맞이하게 되었다.

"내가 들으니 보좌*에서 큰 음성이 나서 이르되 보라 하나님의 장막이 사람들과 함께 있으매 하나님이 그들과 함께 계시리니 그들은 하나님의 백성이 되고 하나님은 친히 그들과 함께 계셔서."(계 21:3)

* 트레겔레스는 "하늘에서(Out of the heaven)"라고 번역했다.

하나님의 거처로서 새로운 도시는 또한 하나님의 장막으로 불린다. 여기서 묘사되고 있는 복은 모두 하나님이 거하시는 거처에서 나온다. 사람들은 이제 여호와를 위해 장막을 지을 필요가 없다. 지극히 높으신 하나님께서 자신을 위해 장막을 지으셨고, 완전한 모습을 갖추고서 하늘에서 내려올 것이기 때문이다. 여호와의 궤와 회막과 성막 안의 모든 거룩한 기구들을 옛 예루살렘으로 옮긴 것은 솔로몬이 다스리는 왕국의 영광스러운 시기였다(왕상 8장). 그 때에는 "여호와의 궤"로 불렸다. 이제 우리는 "하나님의 장막"으로 불리는 것을 볼 수 있다. 왜냐하면 하나님은 더 이상 이스라엘만의 하나님이 아니라 모든 사람들의 하나님으로 자신을 드러내셨기 때문이다.

구약시대 열두 지파에게 주어진 하나님의 백성으로서의 지위는 이제 옛 세상에서 새 세상으로 옮겨진 "만국백성"에게로 확장되었다. 이후에 육체를 입고 있는 허다한 사람들이 "만국 백성"으로 묘사되고 있는 것을 볼 수 있다(계 21:24, 26).

이제 하나님께서 사람들과 함께 하실 것이다. 우리 주님 시대의 사람들은 죄로 죽어 있었기에, 하나님께로부터 새로 태어날 필요가 있었다. 그들은 전에 빛이 아니라 어둠이었다. 하나님의 독생자께서 우리 가운데 거하셨을 때, 사람들은 싫어했고, 미워했으며, 심지어 십자가에 못 박아 버렸다. 이제 이전 것들은 다 지나갔다. 오로지 거듭난 사람들만이 새 땅에 거하게 될 것이다. 죄는 그리스도의 희생과 대제사장직에 의해서 처리되었기 때문에 구약시대의 제사장제도와 제단은 더 이상 필요치 않다. 우리는 구주를 "어린 양"으로 호칭하는 것을 볼 때, 영원한 속죄가 이루어졌다는 진리가 끝까지 암묵적으로 주장되고 있는 것을 알 수 있다. 요한계시록에서 주님은 스물여덟 번 어린 양으로 호칭되고 있으며, 새 성 예루살렘과 하나님의 낙원을 묘사할 때에도 일곱 번 어린 양으로 호칭되고 있는 것을 볼 수 있다. 그렇다면 새 땅에 들어간 모든 사람들은 어린 양의 피로 깨끗하게 씻음을 받은 사람들이며, 하나님의 자녀로 거듭난 사람들이기에 그 이름이 생명책에 기록된 사람들이다. 그렇다면 인간의 행실이 아니라, 은혜가 영원한 세계를 떠받들고 있는 토대다.

그렇다면 그 이름이 어린 양의 생명책에 기록된 사람들이 하나님의 백성이며, 하나님의 은혜로 인해서 하나님의 백성으로 인정을 받게 된 사람들이다. 그러므로 하나님의 신성한 은총과 호의가 그들에게 자유롭게 흘러나갈 수 있고, 또 그럴 것이다. 한편 천년왕국은 이스라엘이 하나님의 백성으로 인정을 받는 기간이다(사 65:19, 렘 24:7). 따라서 요한계시록 21장은 천년왕국은 지나간 과거로, 영원한 세계는 다가오는 미래로 설정하고 있다. 사실 이 장의 8절부터 나머지 부분을 천년왕국 시대로 보는 학자들도 있다.

"모든 눈물을 그 눈에서 닦아 주시니 다시는 사망이 없고 애통하는 것이나 곡하는 것이나 아픈 것이 다시 있지 아니하리니 처음 것들이 다 지나갔음이러라."(계 21:4)

사망은 그 파괴력이 크게 약화될 것이지만, 그럼에도 천년왕국 시대에도 그 권세가 멈추지는 않을 것이다. 그렇다면 슬퍼하고 눈물을 흘리는 일도 완전히 끝난 것은 아니다. 하지만 마침내 천년왕국 시대의 끝에 죄가 끝나게 되면, 죄로 인해서 발생하는 모든 슬픈 일도 사라지게 될 것이다. 사망이나 애통하는 것이나, 애도하는 것이나, 아픈 것이나, 눈물을 흘리는 일이 멈추게 될 것이다. 인간을 사망으로 몰고 가는, 수고하고 고통을 당해야 한다는 옛 판결도 제거될 것이다(창 3:17-19). 창세기 3장 17-19절에 언급된 다섯 가지 슬픈 결과, 즉 땅은 저주를 받고 또 평생에 수고하여야 소산을 먹으며 또 땅이 가시덤불과 엉겅퀴를 내고 또 사람이 흙으로 돌아가는 일은 타락한 옛 땅에선 항상 있는 일이었다. 이러한 것들은 에덴동산에서 아담이 저지른 죄에서 발원되었으며, 그에 대한 판결이 거기에서 나왔다. 하지만 내적으로 또한 외적으로 죄가 모두 사라졌기에, 새로운 세계에서 진행되는 하나님의 섭리는 전혀 다른 방향으로 진행될 것이다. 새 땅의 물리적 상태는 모든 것이 도덕적인 원리의 지배를 받게 될 것이다. 바로 이런 것이 새 땅의 영광이다. 왜냐하면 새 하늘과 새 땅에는 의(義)가 거하기 때문이다.

제 2장 인간의 최후 운명

"보좌에 앉으신 이가 이르시되 보라 내가 만물을 새롭게 하노라 하시고 또 이르시되 이 말은 신실하고 참되니 기록하라 하시고." (계 21:5)

여기서 하나님은 산 자와 죽은 자의 재판장으로서, 이러한 심판을 통해서 옛 세상을 끝내고 새로운 세상을 가져오신다. 이제 하나님은 만물을 두 번째 새롭게 창조하시는 분으로 나타나 있다. 죄로 더럽혀진 옛 세상은 완전히 사라질 것이다. 모세는 옛 창조에 대해서 썼다. 그러므로 만물이 누구에 의해서 창조되었으며 또한 어떻게 창조되었는지를 아는 것은 우리 영혼에게 큰 유익이 된다. 이렇게 창조주를 아는 지식으로 인해서, 우리는 죄가 일으킨 폐허 속에서 세상을 창조하신 지극히 높으신 하나님의 원래 계획을 발견하는 일에, 우리 영혼을 그저 "과학"이라고 부르는 것의 추측과 가설에 맡길 필요가 없음을 알게 된다.

이러한 하나님의 말씀으로 신자들을 위로하는 일은 참으로 위대한 일이다. 옛 창조세계는 사라질 것이고, 더 좋은 창조세계가 오게 될 것이다. 하나님이 그렇게 말씀하셨다. 우리는 하나님의 말씀을 신뢰할 수 있다. 세상 사람들이 옛 땅이 사라지는 것을 슬퍼하도록 그냥 두자. 불신앙으로 가득한 마음으로 진리의 말씀을 부인하게 하자. 우리는 부활을 통해서 우리에게 하늘의 기업을 주시는 하나님을 믿으면 된다.

"또 내게 말씀하시되 이루었도다 나는 알파와 오메가요 처음과 마지막이라."(계 21:6)

이 모든 일은 하나님의 마음에서 뿐만 아니라 하나님의 기록된 말씀에서 우리에게 보증으로 주어진 약속에 의해서 확정되었다. 누가 하나님의 확정된 명령을 방해할 수 있는가? "하나님은 … 없는 것을 있는 것으로 부르시는 이시니라."(롬 4:17)

창세기 1장 7절의 "그대로 되니라"는 구절은 첫 번째 창조에서 주님이 말씀하신 것에 대한 답변으로 기록된 말씀이다. 창세기 1장 6,7절을 보자. "하나님이 이르시되 물 가운데에 궁창이 있어 물과 물로 나뉘라 하시니 … 그대로 되니라."(창 1:6,7) 이렇게 만물이 복을 받은 상태는 호렙에서 "너희가 내 말을 잘 듣고 내 언약을 지키면"(출 19:5)이라는 조건에 대한 인간의 약속에 터 잡고 있는 것이 아니라, 더 나은 언약의 보증이신 그리스도에게 터 잡고 있다. 그리스도의 언약은 영원하다. 하나님의 최종적인 목적은 만물의 후사이신 하나님의 아들께서 영광을 받으시는 것이며 또한 그 아들의 희생에 의해서 구속을 받은 자들이 그 아들과 함께 영원한 기쁨을 누리는 것이다.

"나는 알파요"라는 말씀의 강조점은 주어에 있다. 한 분 하나님께서 창세기부터 요한계시록에 이르기까지 모든 것을 계획하셨고 그 계획하신 바를 이루고자 세상 만사를 다스리신다. 연속적으로 이어지는 세대들의 변화는 모든 것을 다 아시고 또 모든 것을 미리 정하신 하나님의 알파벳에서 연속적으로 등장하는 글자들에 불과하다. 율법과 복음, 공의와 자비, 모두 하나님에게서 나온다. 하나님은 자신의 영원한 도시에서, 모세의 율법 아래 있었던 열두 지파와 어린 양의 사도들을 하나로 통일하는 일을 하실 것이다.

"내가 생명수 샘물을 목마른 자에게 값없이 주리라."(계 21:6)

사람은 물을 필요로 하는 존재다. 특별히 무더운 나라에 사는 사람들은 더욱 물을 필요로 한다.

1. 족장 시대에는 많은 비용을 들여 우물을 파서 물을 얻을 수 있었다. 때로는 부당하게 우물을 빼앗기는 일도 있었다.

2. 이스라엘은 광야를 통과하는 과정에서, 특별히 르비딤에서 마실 물이 없는 상황을 겪어야 했다. 사막에서 마실 물이 없다는 것은 곧 죽음을 의미했다. "당신이 어찌하여 우리를 애굽에서 인도해 내어서 우리와 우리 자녀와 우리 가축이 목말라 죽게 하느냐?"(출 17:3) 이 때 하나님께서는 백성들에게 우물을 파도록 명령하신 것이 아니라, 단단한 반석을 쳐서 거기에서 물이 나오게 하셨다.

3. 열왕들의 시대에 훌륭한 왕들은 "저수지와 수도를 만들어 물을 성 안으로 끌어들여서" 예루살렘에 사는 사람들에게 물을 공급했다(왕하 20:20).

하지만 여기 새 땅에서 주님은 목마른 사람들에게 약속의 땅에서 얻을 수 있었던 것보다 더 좋은 "생명수 샘물"을 공급하실 것이다. 두 종류의 갈증이 있다. (1) 영적인 갈증과 (2) 육체의 갈증이다. 여기에선 영적인 갈증을 해소할 수 있는 물이 공급되고 있다. 이것은 우리 주님이 사마리아의 여인에게 가르치신 것이었다. "내가 주는 물을 마시는 자는 영원히 목마르지 아니하리니 내가 주는 물은 그 속에서 영생하도록 솟아나는 샘물이 되리라." (요 4:14) 이 물은 요한계시록의 마지막 장에 와서야, 비로소 얻을 수 있는 것으로 언급되고 있다(계 22:17).

그러나 갈증을 완전히 해소하는 방법은 이 세상에서는 찾을 수 없다. 오로지 부활을 통해서, 새 예루살렘에서의 삶을 얻는 것을 통해서만 찾을 수 있다. 따라서 구주께서는 구원받은 자기 백성들의 목자가 되어 주셔서, 그들을 높은 곳에 있는 성전에서 생명수 샘으로 인도하는 일을 하실 것이다(계 7:17).

하나님은 생명수를 "값없이" 주실 것을 약속하셨다. 이 말씀이 의미하는 바는, 그들의 욕구를 완전히 채우도록 주신다는 뜻이라기보다는, 이사야서 55장 1절과 같이 "돈 없이 값없이 (without money and without price)", 즉 "무료로" 주신다는 것을 뜻한다.

사실 이 세상에서 물을 마시려면 값을 지불해야만 한다는 사실을 생각해볼 때, 이 말씀은 매우 의미심장하게 다가온다. 이스라엘이 에돔 땅에 도착했을 때, 그들은 땅을 통과할 수 있도록 허락해달라는 요청을 했다. 만일 그들 땅의 우물물을 마시면 그 값을 기꺼이 지불하고자 했다(민 20:19). 예레미야애가 5장 4절과 비교해보라. 헤스본의 왕 시혼에게도 같은 제안을 했으나, 두 경우 모두 거절당했다(신 2:28).

이 구절과 가장 가까운 구절은 요한계시록 7장 15-17절이며, 거기엔 수를 헤아릴 수 없이 많은 사람들이 있다. 그들은 하나님의 보좌 앞에 있다. 그들은 대환난에서 나오는 사람들이며, 대환난을 통과하면서 주림과 목마름을 모두 경험한 사람들이다(마 6:25, 롬 12:20, 고전 4:11, 고후 11:27). 갈증은 우리 주님이 십자가에서 겪으셨던 극심한 고통 중 하나였다(요 19:28). 그러므로 우리 주님의 십자가의 인내로부터 생명수의 샘과 샘물이 우리를 위해서 흘러나오는 것이라고 할 수 있다. 따라서 보좌 가운데에 계신 어린 양께서 자신의 피로 속량하신 사람들을 하나님의 도시에 있는 생명수의 강으로 인도하실 것이다. 이제 우리는 여기서 이 시대의 하나님의 백성들이 세상을 통과하는 동안 시련을 당하는 이유와 이러한 시련의 끝에 그들을 위해 준비된 안식과 유업에 들어가는 결말을 볼 수 있다.

"이기는 자는 이것들을 상속으로 받으리라 나는 그의 하나님이 되고 그는 내 아들이 되리라 그러나 두려워하는 자들과 믿지 아니하는 자들과 흉악한 자들과 살인자들과 음행하는 자들과 점술가들과 우상 숭배자들과 거짓말하는 모든 자들은 불과 유황으로 타는 못에 던져지리니 이것이 둘째 사망이라."(계 21:7,8)

이 구절은 우리가 살고 있는 세대의 또 다른 측면을 보게 해준다. 우리는 소극적인 측면에서 고통을 견디도록 부르심을 받았을 뿐만 아니라, 적극적인 측면에서 영적인 원수들, 즉 세상과 육신과 마귀와 싸우도록 부르심을 받았다. 하나님과의 화목에 들어가자마자 우리는 마귀와의 전쟁에 돌입하게 된다(눅 14:26-33). 우리는 보이지 않는 적들과 믿음의 선한 싸움을 싸우도록 부르심을 받았다(딤전 6:12, 엡 6:11,12). 이스라엘의 원수들이 이스라엘의 땅을 점령하고서, 전쟁을 치르지 않고는 그 땅을 조금도 내주지 않았던 것처럼, 우리가 들어갈 하늘의 영역도 "하늘에 있는 악의 영들"이 점령하고 또 장악하고 있기 때문에, 싸우지 않는 한 얻을 수 없다(엡 6:1-4). 그러므로 우리는 하나님이 준비하신 전신갑주 뿐만 아니라, 위로부터 주어지는 능력을 필요로 한다. 우리는 이기는 자가 되도록 부르심을 받았다. 주님은 아시아에 있는 일곱 교회에 보낸 서신에서 일곱 개의 약속을 주셨는데, 단지 예수님을 믿는 사람들에게 주신 것이 아니라 "이기는 자"들에게 주셨다.

이기는 자들은 새 하늘들과 새 땅과 이 모든 약속에 참여하게 될 것이다. "상속으로 받으리라"(7절)는 것은 잘못된 개념을 전달하고 있다. 마치 태어날 때부터 상속자로 태어나 이 모든 것을 그저 상속받는다는 뜻으로 받아들여질 수 있기 때문이다. 그러므로 이 구절은 약속의 땅에 들어간 이스라엘 사람들이 전쟁을 통해서 기업을 각각 얻었던 것처럼, 영적 전쟁에서 이기는 자들만 이러한 영광을 각자 자신의 몫으로 얻게 된다는 뜻으로 보아야 한다.

"나는 그의 하나님이 되고 그는 내 아들이 되리라."(계 21:7)

지극히 높으신 하나님께서는 자신의 전능한 권세로 이기는 자들에게, 전능하신 하나님께서만 주실 수 있는 그처럼 특별한 상급을 주실 것이다.

"그는 내 아들이 되리라"는 말씀은 이전에 사람들에게 값없이 주셨던 것보다 훨씬 더 우월한 신분과 지위를 주실 것이란 뜻을 가지고 있다. 3절에 있는 "그들은 하나님의 백성이 되리라"는 말씀과 비교해보라. 새 땅에 거하는 "만국" 백성들은 고난을 당하거나 또는 싸우는 일로 부르심을 받지 않았다. 그들은 옛 땅에서 행복한 천년왕국 시대를 누리며 살게 될 것이다.

사탄은 갇혀 있고, 주변에는 풍요로움이 넘치고, 세상은 온통 거룩한 분위기로 조성될 것이다. 그러므로 지금 이 세대에 고통과 싸움에 참여하도록 부르심을 받은 우리는, 장차 새 땅에서 육신을 입고 살아가는 만국백성들보다는 훨씬 더 높은 지위에 오르게 될 것이다. 빅토리아 여왕의 신하로서 영국인들의 지위와 여왕 폐하의 아들로서 웨일즈 왕자의 지위가 다른 것처럼, 지위와 위치에 차별이 있을 것이다.

우리가 안식에 들어가고 또한 유업을 받는 시간이 다가오고 있다. 그 시간은 어떤 사람들이 말하듯, 우리가 죽음을 맞이하는 순간을 가리키거나 또는 영혼의 안식을 누리는 상태를 가리키는 것이 아니라, 우리 주님이 인격적으로 재림하실 때 일어나게 될 몸의 부활의 시간을 가리킨다. 목마름과 영적 싸움은 여기에 있는 6, 7절과 밀접하게 연결되어 있다. 이 두 가지는 이스라엘이 광야를 통과할 때의 그들의 역사 속에서 밀접하게 결합되어 있었다.

(1) 아말렉이 와서 이스라엘과 르비딤에서 싸울 때, 이스라엘의 열두 지파 사람들은 목마름을 참고서, 오직 인내심으로만 승리를 거두었다.

(2) 삼손은 나귀의 턱뼈로 이스라엘 땅에서 큰 승리를 거두었지만, 정작 자신은 목말라 죽을 지경이었다. 그래서 그를 부르신 주님은 한 우묵한 곳을 터뜨리셔서 물이 솟아나오게 하셨고, 삼손은 그것을 마시고 정신이 회복될 수 있었다(삿 15:15-19).

(3) 우리 주님은 십자가에 달리셔서, 목마름과 싸움을 동시에 겪으셨다. 하지만 승리하심으로써 우리에게 복을 가져다주셨다.

목마른 자와 이기는 자에게 주신 약속들은 하나님께서 이 세대의 사람들에게 주신 것이다. 이 약속들은 영원한 기쁨의 순간을 위해 이 땅에서 기꺼이 시련과 고난의 길을 걸어가는 사람들을 자극하고 격려하도록 설계되었다. 각 사람의 마지막은 하나님의 거룩한 도시에 있는 영원한 샘물에서 목마름을 영원히 충족시키거나, 아니면 영원토록 채울 수 없는 갈증으로 목말라 하거나, 둘 중 하나에 속하게 될 것이다.

3절과 4절에는 위협적인 것이 없으며, 새 땅에 거주하는 만국 백성들이 누리게 될 복이 소개되어 있다. 하지만 이제 이기고 승리한 사람들이 누리게 될 복이 소개된 후에는, 거듭난 일이 없는 사람들의 끔찍한 운명이 소개되고 있다. 그들의 운명은 불못에서 영원히 목마름을 겪는 것이다. 그들은 여덟 부류로 나누어지고 있다.

1. "두려워하는 자들." 이 사람들은 사람은 두려워했지만, 정작 하나님은 두려워하지 않았던 사람들이다. 또한 하나님이 부르시는 전쟁에 참여하기를 거절했던 사람들이다. 그들은 하나님의 진노가 아니라 "그의 호흡은 코에 있나니 셈할 가치가"(사 2:22) 없는 사람을 두려워했다. 이스라엘은 약속의 땅에 거하는 백성들을 두려워한 나머지, 여호와를 거역하면서 그 땅에 들어가기를 거절했다(민 13:28, 31, 14:9). 여호수아와 갈렙은 여호와께서 충분히 자신들을 약속의 땅으로 인도하여 들이실 권능이 있음을 상기시켰지만 헛수고였다. 그들은 어려움에 직면했을 때, 하나님보다는 자신을 너무 많이 생각했으며, 그 결과 절망에 빠졌다.

2. "믿지 아니하는 자들." 하나님의 기록된 말씀은 신실한 말씀이다. 하지만 그들은 믿고자 하지 않았다. 그들은 하나님을 거짓말쟁이로 만들었다. 불신은 그들이 죄를 짓는 모든 일의 근원이었다. 자신의 죄악에 대한 증언과 그리스도의 속죄와 성령의 능력에 대한 하나님의 증언을 받아들이지 않는 사람은 멸망을 당하게 될 것이다. "너희가 만일 내가 그인 줄 믿지 아니하면 너희 죄 가운데서 죽으리라."(요 8:24) 구주께서는 거기서 이 말씀을 남기셨고, 그 자리를 떠나셨다. 거기서 모든 것이 끝났다. 죄는 그들을 더욱 옭아매었고, 영원한 멸망을 안겨주었다.

3. "흉악한 자들(가증스러운 자들)." 우상은 성경에서 "가증스러운 것"이라고 불리고 있다. 하지만 여기서 우상 숭배자들은 한 부류의 사람들로 거론되고 있기 때문에, 우리는 그들이 인간의 본성을 거스르는 가증하고 또한 사특한 범죄를 저지르는 사람들이란 점을 이해할 필요가 있다(신 18:9, 레 18:22).

4. "살인자들." 노아의 법과 모세의 율법에 따르면, 살인자는 반드시 죽여야 했다. 살인자는 다른 사람의 목숨을 빼앗았기 때문에, 동일하게 자신의 목숨을 내어놓아야만 했다. 그러한 사람들의 영원한 처소는 불과 유황으로 타는 불못이며, 이것이 둘째 사망이다.

5. "음행하는 자들." 사람들은 음행을 거의 죄라고 생각하지 않지만, 주님은 음행하는 자들을 심판하실 것이다. 물론 여기에는 간통하는 자들도 포함된다.

6. "점술가들." 또는 "주술사들." 이 두 가지 형태의 해악스러운 악은 함께 간다. 하나님의 영께서 구원받은 자들을 실제적으로 도우시는 것처럼, 사탄의 악한 영들도 이처럼 해악스러운 일을 추구하는 자들을 돕는 일을 한다. 오늘날 무수히 많은 영매들이 존재함에도 불구하고, 대부분의 사람들은 흑마법과 마법이 존재한다는 사실을 믿기를 거부한다. 아무리 사람들이 그 사실을 부인한다 해도 하나님의 말씀은 참되고 진실하다. 불못은 사탄의 마지막 거처다. 타락한 사탄의 영을 좇는 사람들도 그곳이 그들의 거처가 될 것이다.

7. "우상 숭배자들." 창조주 하나님께 돌려야 마땅한 영광을 무슨 피조물에게 돌리거나, 피조물을 신처럼 경배하는 것이 우

상 숭배다. 특히 우상 숭배는 어떤 형상을 만들고 그 앞에 절하는 것이다. 사람들은 이런 행위를 악한 일로 생각하지 않지만, 그럼에도 하나님께서는 이런 악한 행위를 특별히 미워하신다. 지극히 높으신 하나님께서는 이러한 악한 행위를 반역행위로 보시기 때문에, 이러한 대반역에 대하여 얼마나 강렬하게 분노하시겠는가! "너는 그들이 조각한 신상들을 불사르고 그것에 입힌 은이나 금을 탐내지 말며 취하지 말라 네가 그것으로 말미암아 올무에 걸릴까 하노니 이는 네 하나님 여호와께서 가증히 여기시는 것임이니라 너는 가증한 것을 네 집에 들이지 말라 너도 그것과 같이 진멸 당할까 하노라 너는 그것을 멀리하며 심히 미워하라 그것은 진멸 당할 것임이니라."(신 7:25,26)

8. "거짓말하는 모든 자들." 성령님은 여기에 다양한 종류의 거짓말을 포함시키고 싶어 하시는 듯 보인다. 거짓말을 하는 것뿐만 아니라 거짓된 행동도 포함되어 있다. 위선적인 얼굴을 한 배신자들, 거짓 증인들, 거짓 고소인들, 아첨하는 말을 하는 사람들, 사업과 약속에서 속이는 일을 하는 사람들이 여기 모두 포함된다. 이 모든 것의 결과는 불의 호수에 던져지는 것이다. 이 모든 사람들의 운명은 불못에 던져지는 것이다. 여기서 주목할 것은 성령님은 "생명(life)책"과 생명수 강과 생명나무에 대해선 언급하셨지만, 반면에, "사망(death)의 불못"에 대해서는 언급하지 않으셨다는 점이다. 성령님은 그런 표현이 형벌의 영원성을 부인하는 것으로 왜곡될 수 있음을 보셨다.

"불과 유황으로 타는 못에 던져지리라."(계 21:8)

불과 유황으로 타는 호수는 어쩌면 사해와 연관이 있어 보인다. 평야에 세워진 죄악된 도시였던 소돔과 고모라는 하늘로부터 불과 유황이 비 오듯 쏟아져 멸망을 당했는데(눅 17:29), 그 자리가 지금의 사해가 되었다고 전해지고 있다. 옛 세상의 사해가 새 세상에선 "불과 유황으로 타는 못"으로 대체된 듯하다. 유황(또는 황)은 현대 화학으로는 분해할 수 없는 지구의 주요 물질 중 하나다. 유황은 활화산이건 아니면 휴화산이건, 주로 화산 속에서 채취할 수 있다. 우리는 모두 유황이 뿜는 연기로 인해서 질식사할 수 있다는 사실을 알고 있다. 그렇다면 영원히 그런 곳에서 사는 운명에 처해진다는 것은 과연 얼마나 무섭고 두려운 운명인 것인가!

이 불못은 모세의 장막의 두 부분의 변형된 모습일 수 있다. 하나님께 자비를 구하기 위하여 하나님의 집을 찾아갔다면, 그곳에는 (1) 제사장들이나 희생제물의 더러움을 씻는 물두멍이 있었고, (2) 항상 제물을 불태우는 번제단이 있는 것을 볼 수 있을 것이다. 이렇게 동물을 불에 태워서 바치는 화제 또는 번제는 하나님께서 기쁘게 받으시는 제사였고, 하나님께 향기로운 냄새를 올려 드리는 제사였다.

인간에게 마지막 선고가 내려진 후에는 더 이상 더러움을 씻는 일이 필요 없게 되었기 때문에, 물두멍은 속죄 받지 못한 더러운 죄악들을 태우는 불못이 될 것이다. 그리고 하나님의 불은 죄악된 사람들을 태우고, 하나님의 진노 아래서 그들이 타는 연기가 세세토록 올라가게 될 것이다(계 14:11, 20:10).

사람은 모세의 제단의 불이 꺼지지 않도록 유지해야 했다. 하지만 이제 세세무궁토록 사시는 하나님께서 그 재앙의 불길이 꺼지지 않도록 유지하실 것이다.

"이것이 둘째 사망이라."(계 21:8) 그렇다면 여기서 사망이란 무엇을 가리키는 것인가?

이것은 어떤 학자들이 말하는 것처럼, '인간 영혼의 소멸'이 아니라 육체와 영혼의 분리를 가리킨다. 죽음이란 영혼은 음부(Hades)로, 육체는 무덤으로 들어가는 것이다(눅 16:23, 행 2:27, 31). 그러므로 하데스에는 악한 죽은 자들을 위하여 예비된 특별한 장소가 있다. 이곳은 "사망", "멸망", "스올", "지옥" 또는 "죽음의 그늘"이라고 불리기도 한다(욥 10:21, 26:6, 28:22, 잠 15:11, 27:20). 주 예수님은 사망과 음부의 열쇠를 가지고 계시는데, 아마도 천사들로 하여금 이곳을 지키도록 하신 것으로 보인다(계 1:18, 20:13, 9:1, 20:1).

구원받지 못한 자들이 첫째 사망에서 나오면, 그들은 불못 곧 "둘째 사망"에 던져지게 될 것이다. 첫 번째 멸망이 수감자들을 잃어버리는 일 없이 잘 지켰던 것처럼, 두 번째도 마찬가지일 것이다.

하나님의 미소 아래서 생명수를 마시는 것과 하나님의 진노 아래서 불과 유황으로 타는 지옥 불속에 사는 것 사이의 차이점은 이 얼마나 큰 것인가! 독자여, 당신은 과연 어느 쪽으로 가고 있는가?

제 3장 새 예루살렘

"일곱 대접을 가지고 마지막 일곱 재앙을 담은 일곱 천사 중 하나가 나아와서 내게 말하여 이르되 이리 오라 내가 신부 곧 어린 양의 아내를 네게 보이리라 하고 성령으로 나를 데리고 크고 높은 산으로 올라가 하나님께로부터 하늘에서 내려오는 거룩한 성 예루살렘을 보이니 하나님의 영광이 있어."(계 21:9-11)

이 장의 이전 구절들은 거룩한 도시를 하나님의 장막으로 제시하면서, 새 땅의 거주민들과 만국백성들이 누리게 될 혜택이 무엇인지를 소개했다.

이제 우리는 죽은 자들 가운데서 부활한 사람들의 마지막 거주지의 독특하고도 특별한 광경을 볼 수 있는데, 곧 하나의 도시로서 완전한 모습과 그 도시에 거주하는 시민들과 도시 밖에 거하는 만국백성들과의 관계 등을 볼 수 있다.

지극히 높으신 하나님께서 이 모든 계획을 세우셨다. 전에 우리를 위해 기록하신 하나님의 말씀은 하나님께서 마침내 이루실 것을 증거하는 말씀들이었다. 비록 하나님의 계획들이 인간의 손에 맡겨지게 되면 차례로 망가지긴 했지만, 그럼에도 그 모든 계획들은 새롭고 더 나은 것들로 대체되었다. 그리고 마침내 그 모든 것들이 그리스도에 의해서 완전하게 성취되고 또한 그리스도의 손으로 유지될 것이다. 지극히 높으신 하나님의 거처로서 하나님의 거룩한 도시는 옛 피조물처럼 새로운 피조물은 결코 실패하지 않을 것을 보장하는 보증이다. 이제 죄로 인해서 발생하게 된 모든 결함이 제거되었으며, 죄 자체가 제거되었기 때문에 실패는 있을 수 없다.

어째서 마지막 일곱 재앙을 대접에 담은 천사 중 한 명이 요한에게 영원한 거룩한 도시를 보여주기 위해서(계 21:9) 파견된 것인가?

(1) 아마도 주님은 우리에게 하나님께서 정의의 하나님이시며 또한 긍휼의 하나님이심을 가르치고자 했기 때문일 것이다. 이 두 가지 속성은 하나님의 본성에서 나온다. 천사들은 하나님의 종으로서, 하나님의 계획을 성취하고자 이런 저런 일을 수행하기 때문이다.

(2) 내가 믿기론 또 다른 이유가 있을 것으로 보이는데, 곧 천사의 재앙에 의해서 파괴된 큰 도시 바벨론과 하나님이 마침내 자기 백성들과 함께 거주하시는 거룩한 도시 사이의 차이점에 우리의 주의를 집중시키려는 뜻이 있기 때문일 것이다. 요한계

시록 17장 1절은 여기 요한계시록 21장 9절과 매우 유사하다. 거기서 천사는 요한에게 큰 음녀가 받게 될 심판을 보여주겠다고 약속했다. 이제 천사는 우리에게 신부, 곧 새 예루살렘이 입고 있는 은총과 영광을 보여주고 있다. 여기서 우리는 요한계시록이란 책을 해석하는 전환점에 이르게 되었을 뿐만 아니라 요한계시록의 아주 특별한 부분에 도달하게 되었다.

일반적으로 사람들은 아무런 증거 없이 '요한계시록의 신부는 서신서들의 신부'라고 말하며 당연하게 받아들인다. 즉, '새 예루살렘은 교회를 상징하고 있다'는 것이다.

이러한 분별을 받아들이게 되면, 여기서 성령님이 그리고 있는 묘사들은 도무지 이해할 수 없는 것이 되어 버릴 뿐만 아니라, 사람들은 이런 묘사를 이성적으로는 이해할 수 없는 그저 '상징덩어리'로 치부해버릴 것이다.

그렇다면 이 점에 대해서 조금 더 살펴보자. 요한계시록의 교회는 예언적인 부분을 살펴보면 알 수 있듯이,* 하나의 단일체로 계시된 적이 없으며, 일곱 교회가 하나의 그룹을 이루고 있을 뿐이다. 다시 말해서 한번도 "그리스도의 몸"으로 묘사되고 있지 않다. 그리스도의 몸으로서 교회는 새로운 도시 예루살렘처럼 하늘에서 땅으로 내려오는 것이 아니라(계 21:10), 오히려 땅에서 하늘로 올라간다. 부활을 통해서 영화롭게 된 몸을 받은 사람들은 "만국백성"의 일원이 되지 않을 것이다. 왜냐하면 혈과 육은 그리스도의 몸의 지체들이 된 사람들을 서로 연결해주는 끈이 아니기 때문이다. 요한계시록에 있는 하나님의 백성들의 신분(standing)과 에베소서에 있는 그리스도의 몸으로서 교회의 신분은 완전히 다르다. 서로 다른 토대 위에 서있기 때문에, 하나님의 이름도 다를 수밖에 없다. 요한계시록 전체를 통해서 볼 때, 하나님은 구원받은 사람들의 '아버지'로 불린 적이 한 번도 없다. 그리스도의 몸으로서 교회의 특권에 대해서 가르친 유일한 교사이자 최고 권위자인 바울도 요한계시록에서는 전혀 언급되고 있지 않다. 대신 열두 명의 유대인들의 사도들의 이름이 언급되고 있다.

* 사실 요한계시록에서 예언을 다루는 부분이 끝난 후 단 한 번 언급되고 있기는 하다(계 22:17).

에베소서의 비밀의 경륜, 즉 유대인과 이방인 신자들이 그리스도 안에서 한 몸을 이루는 비밀은 요한계시록에서는 발견할 수 없다. 대신 우리는 일곱 별의 비밀과 또 일곱 금 촛대의 비밀을 볼 수 있다. "경건의 비밀"이 나타나는 대신, "불법의 비밀"이 공개적으로 나타나 활개를 치는 것을 볼 수 있다. "그리스도와 교회의 비밀"(엡 5:32) 대신, 우리는 "음녀의 비밀과 짐승의 비밀"(계 17:7)을 볼 수 있다.

요약하자면, 새 성 예루살렘은 상징이 아니라 실제 도시이며, 그곳엔 죽은 자들 가운데서 부활한 구원받은 성도들, 즉 구약시대 족장들과 율법 시대, 그리고 복음 시대에 구원받은 사람들의 영원한 거처다. 이 도시는 사도 바울이 히브리 그리스도인들에게 쓴 히브리서에서 옛 예루살렘을 대체하고자 "하나님이 계획하시고 지으실 터가 있는 성"이었으며, "더 나은 본향 곧 하늘에 있는" 도시였다(히 11:10,16).

이 점은 우리 앞에 있는 성경 본문에 의해서 강하게 확증되고 있다. 대부분 학자들은 요한계시록 21장 10절을 "그가 나에게 교회의 상징인 하늘에서 내려오는 거룩한 성 예루살렘을 보이니"라고 기록되어 있는 것처럼 받아들이고 있다. 하지만 천사는 요한에게 상징적인 표현을 사용해서 "내가 신부 곧 어린 양의 아내를 네게 보이리라"(계 21:9)고 말했다. 그렇다면 그는 어떻게 자신의 약속을 지켰는가? 그는 요한에게 하나의 도시를 보여주었다. 바로 여기에 상징적인 이름을 사용했지만, 실제적인 도시가 있다. 이 도시는 예표를 설명하고 있을 뿐이다. 설명을 예표로 만들어선 안된다.

자 이제 거룩한 성 새 예루살렘에 대한 첫 번째 설명을 살펴보자(계 21:2,3). 새 하늘들과 새 땅(새 하늘과 새 땅은 문자적이다)을 언급한 후에, 새 땅의 중심으로서 새 예루살렘이 소개되고 있다. 요한은 "내가 새 하늘과 새 땅을 보니"라고 말했으며, 이어서 "신부가 남편을 위하여 단장한 것 같더라"고 말했다(계 21:2). 문자적이고 실제적인 것에 대한 진술이 먼저 나오고 나서, 비교와 설명이 나오고 있다. 이렇게 등장한 도시의 완전한 모습을 보게 된 요한은 그 모습을 마치 금과 진주로 장식한 다양한 색의 신부복을 입은 신부의 모습에 비유하고 있다.

바벨론에 대한 설명을 통해서 또 다른 확증을 할 수 있는데, 이것은 대조적인 방식이긴 하지만 새 성 예루살렘과 밀접하게 연결되어 있다. 요한은 한 여자가 붉은 빛 짐승을 타고 있는 것을 보았다. 천사는 그에게 여자와 여자가 타고 있는 일곱 머리와 열

뿔 가진 짐승의 비밀을 설명해주겠다는 약속을 했다. 그리고 나서 그는 마침내 이렇게 진술했다. 즉 "네가 본 그 여자는 땅의 왕들을 다스리는 큰 성이라."(계 17:18) 그 여자가 음녀로 불리는 것이 바로 비밀이었다. 이러한 예표가 담고 있는 분명한 의미는, 그가 말하고 있는 그 음녀가 바로 로마라는 사실이었다. 천사는 '상징적인 도시가 문자적인 음녀'라고 말하고 있는 것이 아니라, 오히려 그 반대인 것이다.

족장들과 모세 시대의 성도들과 복음 세대의 성도들 가운데 죽은 자들 가운데서 부활한 사람들은 반드시 부활의 몸을 가지게 될 것이며, 뿐만 아니라 거처도 얻게 될 것이다. 많은 학자들이 생각하듯이, 그들은 그저 '영화롭게 된 영들'이 아니라, 부활의 몸을 가진 사람들이다. 그리고 성령님께서 히브리서를 통해서 우리에게 가르치고 계시듯이, 믿음의 선진들은 하늘에 있는 본향으로서 천상의 도시를 바라보았으며, 우리 또한 하늘에서 내려오는 새 성 예루살렘을 고대하고 있다. 옛 예루살렘은 새 예루살렘으로 대치될 것이다. 각각은 분명 하나의 도시다. 갈라디아서 4장 22-30절에서 사도 바울이 말하고 있는 것을 잘 살펴보라. 사실 우리 주님은 자기 사람들에게 "내 아버지의 집에 거할 곳이 많도다"(요 14:2-3)라는 말씀으로 그들을 위해 예비된 '저택(mansions)'을 약속하셨다.

그런 다음 사도 요한은 영으로, 크고 높은 산 정상에 서서, 하나님께로부터 하늘에서 내려오는 거룩한 성 예루살렘을 보게 되었다. 반면 거룩하지 못하고 부정한 도시 바벨론은 광야에 세워진 도시였다. 요한은 바벨론을 보기 위해서 영적인 사막으로 옮겨졌다.

사탄이 우리 주님을 지극히 높은 산으로 데리고 가서 천하 만국과 그 영광을 보여주며 시험했지만, 주님은 승리하셨다(마 4:8-11). 우리 주님은 부활하신 후 땅에 있는 산에서 경배를 받으셨고, 자신의 죽음과 부활의 복음을 전파하도록 사도들을 파송하셨다(마 28:16-20). 여기서 우리는 우리 주님의 지상대명령을 받은 사람들이 받은 복과 영원한 결과를 볼 수 있다. 그리스도께서는 공생애 삶을 사는 동안, 칼로 지상에 있는 어느 도시를 정복하거나, 힘으로 도시를 건설하지 않으셨다. 하지만 부활 승리로 인해서, 높은 곳에 있는 거룩한 도시를 우리를 위해 마련해주셨다.

바벨론에 있는 이스라엘의 포로들 가운데 있었던 에스겔은 성령에 의해서 팔레스타인 땅으로 옮겨졌으며, 매우 높은 산 위에 서게 되었는데, 거기서 하나의 도시의 모양을 보았다(겔 40:2).

머지않아 죽음을 맞이하게 될 것이란 선고를 받은 모세는 느보산에 올라갔다. 여호와께서는 모세에게 그가 바라고 소망하는 땅을 보여 주셨지만, 모세가 가데스의 므리바 물 가에서 죄를 지었기 때문에 그곳으로 들어갈 수 없었다(신 32:49-52). 그리스도께서는 성령으로 이끌려 광야로 가셨고, 마귀에 의해서 예루살렘과 성전 꼭대기에 서셨고, 또한 마침내 지극히 높은 산 위에 올라가 그가 보여주는 천하 만국과 그 영광을 보았다. 만일 주님이 찬탈자에게 엎드려 경배하면 이 모든 것이 주님의 것이 될 수 있었다(마 4:1-11). 그러나 주님은 죄 짓기를 거부하셨고, 오히려 십자가 고난을 이기고서 승리자가 되셨다. 이제 주님의 승리가 우리에게 무엇을 가져다주었는지를 보라! 주님을 통해서 우리는 하나님의 낙원과 영원한 터가 있는 도시와 하나님의 거처와 하나님의 영광을 소유하게 되었다.

"하나님께로부터 하늘에서 내려오는 거룩한 성 예루살렘을 보이니 하나님의 영광이 있어."(계 21:10-11)

세상의 도시들은 그 엄청난 크기와 규모를 자랑하고 싶어 한다. 하지만 훨씬 더 큰 이 거룩한 성 예루살렘은 세상에 있는 그 어떤 도시가 가지고 있지 못한 거룩성을 자랑한다. 바로 이 점이 지상의 예루살렘보다 더욱 탁월한 특징 중 하나라고 할 수 있다. 지상의 예루살렘은 오랜 세월 우상 숭배하는 가나안 사람들의 거처였으며, 심지어 다윗이 예루살렘을 이스라엘의 수도로 정한 후에도 예루살렘은 경건하지 못한 왕들의 통치 아래서 악이 저질러지는 역사의 현장이 되었으며, 마침내 하나님의 아들을 살해하는 극악한 불법의 도시가 되었다. 아직 예루살렘의 영광의 때는 오지 않았다. 예루살렘은 장차 천년왕국에서 "거룩한 도시"라는 명성을 얻게 될 것이며, 실제적인 하나님의 거처가 될 것이다(사 1:26, 27, 52:1).

요한은 이 새 도시가 하늘에서 새 땅으로 이동하는 것을 보았다. 이것은 비유적으로 말하자면, 새로운 이브(new Eve)가 하나님에게서 하늘로서 내려오는 것이다. 완전한 모습을 갖춘 채 내려오고 있다. 모세의 장막은 하나님의 지시하심을 따라서 사람의 손으로 만들기 위해서 많은 시간과 기술과 수고가 필요했고,

그리고 나서도 여호와께서 그 안에 거하시기 전에 중보자에 의해서 건축되어야 했다. 하지만 하늘의 도시 새 예루살렘은 완전히 아름다운 모습을 갖춘 채, 하늘에 있는 더 나은 본향의 중심으로서 내려오게 될 것이다.

"하나님의 영광이 있어."(계 21:11)

이 새 예루살렘은 하나님의 영광으로 가득하다는 것이 최우선적인 특징이자 가장 완전한 특성이다.

하나님은 현재 육신을 입은 사람이 가까이 가지 못할 빛 가운데 거하신다(딤전 6:16). 하지만 장래 이러한 하나님의 빛과 광채는 사람들의 거처로서, 천상의 도시의 중심에 자리 잡게 될 것이다. 하나님의 영광은 이스라엘이 이집트에서 속량을 받은 후 광야에 들어갔을 때 처음으로 나타났다(출 16:7,10). 그런데 이스라엘 백성들은 "우리가 애굽 땅에서 고기 가마 곁에 앉아 있던 때와 떡을 배불리 먹던 때에 여호와의 손에 죽었더라면 좋았을 것을 너희가 이 광야로 우리를 인도해 내어 이 온 회중이 주려 죽게 하는도다"(출 16:3)라며 불평을 쏟아내었다. 그러자 여호와의 영광이 구름 속에 나타났고, 여호와께서는 그들의 불신을 책망하셨다. 호렙에서 언약이 체결되었고, 여호와의 성막이 세워지자, 여호와의 영광이 성막에 충만하게 임했다(출 40:34,35). 그리고 여호와께서는 성막에 앉으셨고, 시내산에 있던 본래의 자리를 떠나셨다(출 40:1). 소위 세키나라고 불리는 여호와의 영광은 제사장들과 사사들 아래서 저질러진 이스라엘의 죄로 인해서 상실

되었다. 하지만 다윗과 솔로몬이 하나님의 영의 지시를 따라서 여호와의 성전을 건축했을 때, 여호와의 영광이 성전에 거하게 되었다. 하지만 이 경우도 다른 신들을 경배함으로써 여호와를 모독하지 않는다는 조건 하에서만 가능했다. 그 조건도 성전을 지은 사람에 의해서 깨져버렸다.

이스라엘과 그들의 왕들의 우상 숭배에 의해서 여호와의 성전이 더럽혀지자, 에스겔은 분명한 단계를 거쳐서 여호와의 영광이 여호와의 성전을 떠나가는 모습을 보았다. 여호와의 영광은 감람산에 잠시 머물렀다가 하늘로 올라갔다. 그러나 에스겔의 예언서의 끝 부분을 보면, 에스겔은 떠나갔던 여호와의 그 영광이 예루살렘과 예루살렘의 성전으로 돌아오는 것을 보았다. 그 영광은 천년왕국 기간 동안 예루살렘 성전에 머물 것이다. 그러나 옛 땅이 사라지게 되면 새 땅의 거룩한 도시에서 최종적인 자리를 잡게 될 것이다.

여기서 우리는 하나님의 한 가지 단순하고도 장엄한 계획이 점진적으로 전개되어, 마침내 완성되는 모습을 볼 수 있지 않은가? 하나님의 가시적인 영광은 우선적으로 그분의 지상 백성, 즉 이집트에서 속량을 받은 이스라엘에게 나타났다. 즉 여호와께서 그들을 그들의 대적에게서 해방시키셨고 또 그들을 자신에게 속한 백성으로 삼자마자 여호와의 영광이 나타난 것이다. 그 영광은 지금은 땅에서는 볼 수 없다. 영광의 자리는 하늘에 있는 지성소에 있다. 지금 하나님의 영광은 도덕적이고 영적인 영광이며, 이 영광은 교회가 가지고 있다. 장차 죄가 완전히 제거되면 하나님의 가시적인 영광은 하나님이 구속하신 두 백성과 함께 영원히 거하게 될 것이다.

"그 성의 빛이 지극히 귀한 보석 같고 벽옥과 수정 같이 맑더라."
(계 21:11)

이 구절은 새 예루살렘의 또 다른 완전성을 묘사하고 있다. 이는 이 도시의 두 번째 빛의 원천을 보여주고 있으며, 햇빛이 항상 이 도시를 비추기 때문에, 여기엔 밤이 없다.

빛을 밝히고자 첫 번째, 두 번째 빛을 설정하신 것은 이전 세대에서 하나님께서 정하신 원리였다. 즉 모세의 장막을 보면, 지성소에 있는 셰키나 외에도 금 등잔대를 두셨는데, 이것이 바로 두 번째 빛의 근원이었다. 제사장이 등불을 관리해야 했고, 이를 위한 매우 정확한 지시 사항이 주어졌다. 등불이 계속해서 빛을 낼 수 있도록 하기 위해서 사람이 기름을 공급하는 일을 해야 했다. 두 번째 광원의 크기는 작았고, 빛의 광도 또한 미약했다. 출애굽기와 레위기를 보면(출 25:6, 레 24:2), 기름을 준비해서 계속 등잔불을 켜두도록 지시하고 있는 내용을 볼 수 있다. 영어 성경을 보면 이 구절에는 "빛"이란 단어가 있지만, 애매모호한 뜻을 가지고 있다. 이 단어는 (1) 등잔불에서 나는 광선을 의미할 수도 있고, 아니면 (2) 빛의 원천을 가리키는 것일 수도 있다. "이스라엘 자손에게 명령하여 불을 켜기 위하여 감람을 찧어낸 순결한 기름을 네게로 가져오게 하여 계속해서 등잔불을 켜 둘지며."
(레 24:2)

여호와께서는 장차 천년왕국 시대에 지상의 예루살렘에 특별한 광명체를 약속하셨는데, 곧 해나 달 같은 광명체와는 별도의 빛의 광원을 허락하셨다. 즉 "다시는 낮에 해가 네 빛이 되지 아니하며 달도 네게 빛을 비추지 않을 것이요 오직 여호와가 네게 영원한 빛이 되며 네 하나님이 네 영광이 되리니"(사 60:19)라고 말씀하셨다.

빛은 우리에게 가장 필요한 존재다. 빛은 처음 창조에서 가장 우선적으로 창조되었다. 그런데 새 예루살렘은 몇 가지 특이한 점들을 가지고 있다. 해와 달은 투명체가 아니며, 빛을 통과시키지 않는 특징을 가지고 있지만, 새 예루살렘은 수정 같이 맑았다. 현재 태양의 빛은 흰색이지만, 새 예루살렘의 빛은 여러 색을 가지고 있다. 지극히 귀한 보석 같은 빛을 내는데, 무슨 색인지 정확하게 말하는 것은 쉽지 않다. 현대인들이 벽옥(jasper)이라고 부르는 보석은 다양한 색을 띠고 있다. 벽옥 또한 불투명하지만, 새 예루살렘은 수정 같이 맑으면서도 투명한 벽옥과 같은 색을 발하고 있다. 어떤 사람들은 여기서 말하는 벽옥이 사실은 다이아몬드일 것이라고 생각한다. 확실히 다이아몬드는 보석 중에서 최고의 보석인 것은 확실하다. 만일 벽옥이 다이아몬드가 아니라면 보석 가운데 최고의 보석이 빠진 것이 된다.

"크고 높은 성곽이 있고."(계 21:12)

새 예루살렘의 벽은, 그 높이가 200피트(대략 60미터)가 넘을 정도로 높다. 새 예루살렘을 두르고 있는 전체 성벽의 길이는

6,000마일(9,656미터)에 달하고, 성벽의 두께는 높이에 상응할 정도로 두껍다.

하나의 도시의 성벽은 그 도시의 영광과 힘을 나타낸다. 옛 바벨론의 200피트(대략 60미터) 높이의 넓은 성벽은 바벨론의 자랑이자 철옹성 같은 방어 능력을 나타냈다. 옛 예루살렘의 성벽은 그 도성의 자랑이자 방어 능력을 나타냈다. 가장 외곽의 첫 번째 성벽에는 90개의 전망대가 있었고, 두 번째 성벽에는 14개의 전망대가 있었다. 이 전망대에 서게 되면 멀리서 적이 다가오는 것을 감시할 수 있었고, 적이 가까이 다가오는 것을 보면서 공격할 수도 있었다. 하지만 새 예루살렘 성벽에는 이러한 전망대가 없다. 전망대는 전쟁 상황을 대비한 시설물인데, 새 예루살렘은 평화의 도시이기에 더 이상 필요치 않기 때문이다. 다윗과 솔로몬이 그들의 안전을 위해 신경을 써서 성벽을 건설했음에도 불구하고, 예루살렘은 마지막으로 로마의 티투스 장군에게 점령을 당하기 전까지 열일곱 번이나 포위를 당했고, 그렇게 공격을 당한 후에야 함락되었다.

그렇다면 여기에 난제가 있다. 새 예루살렘에 성벽이 있는 이유는 무엇인가? 우리는 느헤미야가 예루살렘의 성벽을 재건하고자 했던 그의 심정을 충분히 이해할 수 있다. 왜냐하면 그 때 예루살렘은 적들에 의해서 둘러 싸여있었고, 약탈자에게 무방비 상태로 노출되어 있었기 때문이다.

'그런데 대적하는 자도 악도 없는데, 어째서 새 예루살렘에 성벽이 있어야 하는 것인가?

이러한 난제는, 그 때 상황의 이중적인 특징을 생각해보면 쉽게 해결할 수 있다.

(1) 새 예루살렘은 하나님의 거처이며, 하나님의 장막 또는 성전이기 때문이다.

(2) 새 예루살렘은 구원받은 사람들의 거처이기 때문이다.

여호와께서는 자신이 구속하신 백성들 가운데 자신의 거처를 세우시고, 자신의 거처로 정하신 회막을 광야의 다른 곳과는 구별되도록 지시하셨다. 아울러 기둥과 받침과 갈고리를 사용해서 조립이 가능하게 함으로써 이곳에서 저곳으로 옮길 수 있도록 했다(출 27장). 울타리가 있었지만, 무장한 적들을 막기 위한 것이 아니라, 사실 이방인들이나 하나님의 백성들 가운데 거룩하지 못한 사람들의 발길을 막기 위한 것이었다.

성막이 성전으로 건축되었을 때에도 동일한 배치가 적용되었다. 성소는 성벽으로 둘러싸여 있었고, 이어진 여러 뜰은 지극히 높으신 하나님께서 거하시는 지성소로 들어갈 수 있는 경계를 나타내고 있었다.

에스겔이 본 천년왕국의 성전은 5규빗(50센티미터) 높이의 성벽으로 둘러 싸여 있었는데, 이는 주변 지역과는 구별된 성스러운 지역으로 구분하기 위한 것이다.

새 예루살렘의 경우를 보면, 이곳은 부활의 몸을 입고서 특별히 성별된 제사장들이 거처하는 곳이다. 성 밖에 사는 만국백성들은 이곳을 그들의 마음대로 방문하는 것이 아니라, 특정 조건 하에서만 방문할 수 있다.

"열두 문(twelve portals)이 있는데."(계 21:12)

이 구절에 사용된 문(portals)이라는 그리스어는 단순히 '문(gate)'이 아니라 문, 현관, 입구를 둘러싸고 있는 하나의 건물을 가리킨다. 그래서 에스겔이 미리 내다본 천년왕국의 성전을 보면, 문을 둘러싸고 있는 여러 건물들을 볼 수 있는데, 이러한 건물들은 성전에서 봉사하는 사람들을 위한 많은 방들을 갖추고 있다(출 40장).

성막에는 입구가 하나 밖에 없었고, 거기엔 휘장이 쳐져 있었다. 성전에는 문들이 있었다.

에스겔의 성전에는 문이 세 개 외엔 없었고, 동문은 군주만 이용할 수 있었다. 반면 새 예루살렘은 열두 지파가 각 지파별로 이용할 수 있는 열두 개의 문이 있다. 하나님의 거룩한 성전 도시는 열두 개의 입구(portals)를 갖게 될 것이다. 하나님께 나아가는 길은 모든 면에서 동등할 것이다.

"문에 열두 천사가 있고."(계 21:12)

이 열두 천사는 궁전 문 앞에 설치된 초소에서 문을 지키는 문지기들이다. 이 천사들은 집이나 도시를 드나들도록 정해진 규칙에 따라서 통과시키거나 저지하는 일을 할 것이다. 마찬가지로 솔로몬 성전에는 성전의 거룩함을 지키는 일에, 레위인들이 문지기 역할을 했다(대하 8:14). 느헤미야 시대엔 레위인 짐꾼들이 성문을 지키는 일을 했다(느 11:18, 19). 천년왕국 시대엔 지상에 있는 예루살렘에 들어가려면 할례를 받아야 하며, 할례 받지 아니한 자와 부정한 자는 들어가지 못할 것이다(사 52:1).

어린 양의 피로 구속을 받은 사람들이 마침내 천사들 보다 더 높은 지위에 올라가게 될 것이다! 천사들은 이 하나님의 도시에서 살지 않는다. 그들은 단지 문을 지키는 문지기일 뿐이다. '나는 굳이 천사의 자리를 욕심내고 싶지는 않다!'

이것은 솔로몬이 내린 행정조치를 떠올리게 해준다. 즉 "다만 이스라엘 자손은 솔로몬이 노예를 삼지 아니하였으니 그들은 군사와 그 신하와 고관과 대장이며 병거와 마병의 지휘관이 됨이었더라."(왕상 9:22)

"그 문들 위에 이름을 썼으니 이스라엘 자손 열두 지파의 이름들이라."(계 21:12)

12라는 숫자는 완전을 뜻하고 또 영원을 뜻하는 숫자이지만, 7이란 숫자는 하나님의 세대와 세대별 일시적인 경륜을 뜻하는 숫자다. 7은 3에 4를 더한 숫자로 이루어져 있는데, 여기서 '4'는 피조물을, '3'은 창조주를 상징한다. 각 세대는 피조물과 하나님이 서로 다른 섭리 안에서 만남을 갖는다. 그러나 12는 동일한 두 개의 숫자가 합쳐진 결과다. 그러므로 12는 피조물이 창조주와 영구적인 친교를 나누는 영원한 시대에 들어왔음을 뜻한다. 열두 지파의 이름들은 문자적으로 이해해야 하며, 그 이름들은 문자적으로 문마다 새겨져 있다. 따라서 각 문에는 각 지파들의 이름이 있게 될 것이다. 옛 예루살렘 성전과 마찬가지로(렘

20:2), 우리는 여기서도 에브라임의 문과 베냐민의 문을 보게 될 것이다. 이러한 지파들은 이 책의 제 7장에서 소개하고 있듯이, 땅의 백성인 이스라엘 자손의 각 지파에서 일만 이천 명씩 처음 익은 열매로서 하나님의 인침을 받은 사람들로, 문자적으로 이해해야 한다. 이스라엘 지파들을 영적으로 해석하는 것은 엄청난 오류를 일으킬 수밖에 없다! 하나님은 모세를 자신의 종으로, 그리고 율법을 친히 주신 것으로 인정하신다. 하나님의 책의 첫 번째 부분은 이스라엘의 역사와 그들의 조상들과 하나님이 맺은 약속을 다루고 있다.

"동쪽에 세 문, 북쪽에 세 문, 남쪽에 세 문, 서쪽에 세 문이니."
(계 21:13)

문들마다 입구가 있다. 성벽을 타고 넘어가는 것은 허용되지 않는다. 그리고 성문은 도시의 정사각형 모양의 광장을 중심으로 해서 네 개의 방향에 세 개씩 있다. 이런 배열은 이스라엘이 광야에 있을 때, 성막이 이스라엘 진영의 중심을 차지하고서, 네 개의 방향에 세 개의 지파들이 성막을 둘러싸도록 했을 때 처음 소개되었다. 동쪽에 진을 치는 세 개의 지파로 선정되는 것이 가장 영광스러운 일이었다. 왜냐하면 성막으로 들어가는 유일한 입구가 동쪽에 있었기 때문이다.

전에 죄의 시대엔, 하나님의 임재 앞에 서는 것은 무섭고 두려운 일이었지만, 이제는 분위기가 크게 바뀌었다.

여기서 동쪽이 새 예루살렘을 들어가는 입구에 있어서, 첫째 자리를 차지하고 있다.

"그 성의 성곽에는 열두 기초석이 있고."(계 21:13)

사도 바울은 아브라함이 "하나님이 계획하시고 지으실 터가 있는 성을 바라보았기"(히 11:10) 때문에, 이 땅에서 외국인과 나그네로 살면서, 장막에 거하는 것에 만족했다는 사실을 히브리인들에게 일깨워주었다. 장막은 터가 없다. 장막의 천과 말뚝은 태풍에 의해 쉽게 쓰러질 수 있다. 그러나 하나님은 자기 백성에게 영원히 안정적인 도시를 건설하고자 계획하고 준비하셨는데, 이제 이렇게 나타나게 된 것이다! 이 새 예루살렘이 하나님께서 믿음의 사람들을 위해 준비하신 "하나님이 계획하시고 지으실 터가 있는 도시"였다. 지금까지 본 적이 없는 터가 있는 도시다. 이 도시는 영원한 의(義)가 거하는, 영원히 흔들리지 않는 거처다.

이스라엘 백성들이 장막을 옮겨 다니며 광야를 통과해야 했을 때, 여호와께서는 장막과 성막 안에 거하시면서 그들과 함께 이동하셨다. 그러나 다윗 시대에 왕국이 세워지고 또 예루살렘이 수도로 정해지고 나서, 성전이 건축되었다. 솔로몬은 하나님의 집과 자신의 집을 짓는데 많은 노동력을 투입했고, 많은 비용을 들였다. "이에 왕이 명령을 내려 크고 귀한 돌을 떠다가 다듬어서 성전의 기초석으로 놓게"(왕상 5:17, 7:9) 하였다.

"그 위에는 어린 양의 열두 사도의 열두 이름이 있더라."(계 21:14)

하나님은 율법과 복음을, 모두 자신에게서 나온 것으로 인정하신다. 율법을 통해서 하나님은 인간에게 엄격한 의를 요구하시는, 공의의 하나님으로 자신을 나타내셨다. 이스라엘 열두 지파의 역사는 이스라엘 자손들에게 의를 가지고 섭리하시는 역사였다. 지극히 높으신 하나님께서는 의로우신 분으로서, 자신에게 나아오는 방법을 이스라엘을 통해서 가르치셨다.

하지만 죽임을 당하신 어린 양이시며 또한 부활하신 대제사장이신 그리스도께서는 자신의 사도들을 통해서 우리에게 은혜를, 의(義)의 기초로서 계시하셨다. 하나님 안에 있는 은혜만이 타락한 사람에게서 의를 산출해낼 수 있기 때문이다. 은혜와 공의는 모두 전능자 안에서 영원한 완성과 완전을 이루고 있다. 복음은 하나님의 공의를 제쳐두지 않는다. 게다가 하나님께서는 복음 안에 하나님의 은혜의 풍성함이 흐르게 하셨다. 그리고 바울이 증언하는 것처럼 율법은, 율법이 요구하는 거룩성을 산출할 수 없었다.

새 예루살렘의 성문은 열두 개이고, 기초석도 열두 개다. 아론의 거룩한 옷을 보면, 두 개의 호마노에 열두 지파의 이름을 새겨서 그의 양 어깨에 두고, 또한 열두 보석에 각 지파의 이름을 새겨 가슴 흉배에 붙이게 한 것을 볼 수 있다. 양쪽의 열둘은 이스라엘 열두 지파의 이름이다. 한편 두 번째 열두 이름은 어린 양의 사도들의 이름이다. 여기서 이 구절은 "그리스도의 사도들"

이라고 말하고 있지 않고, "어린 양의 사도들"이라고 말하고 있는데, 이는 주님이 한 번의 희생을 통해서 전에 불화했던 유대인과 이방인에게서 한 새 사람을 만드셨다는 것을 의미한다. 우리 주님이 하늘로 승천하여 높은 곳에 오르신 후에 불러내신 또 다른 사도들이 있었는데, 여기엔 바나바와 바울과 같은 사도들이 있다(행 14:1,3,14). 한편 하나님의 아들께서 지상에 계실 때 불러내신 열두 사도들만이 새 예루살렘의 기초석에 이름이 새겨지는 영예를 얻었다.

이렇게 새 예루살렘의 문에 이스라엘 자손 열두 지파의 이름들이 있고, 성벽의 열두 기초석에는 어린 양의 열두 사도의 열두 이름들이 있다는 사실을 통해서 알 수 있듯이, 이 새 예루살렘은 율법 아래서 구원받은 자들과 복음 아래서 구원받은 사람들의 영원한 거처다. 만일 우리가 더 높은 곳까지 거슬러 올라가면, 이 새 예루살렘은 아브라함이 바라보고 소망했던 천상의 도시이며, 그의 육신의 자손들 가운데 일부와 그의 믿음의 자손들 가운데 일부가 함께 어우러져 살게 되는 하늘에 있는 본향인 것을 알 수 있다(히 11:16).

우리는 또한 에덴의 두 나무에 의해서 상징되는 여호와의 이중적인 완전성이 여기서 어떻게 만나고 영원히 조화를 이루고 있는가를 주목할 필요가 있다. (1) 선악을 아는 지식의 나무가 있었고, 선악과를 먹었던 사람의 불순종 때문에 죄와 저주가 세상에 들어오게 되었다. (2) 생명나무도 있었다. 영생은 세상이 시작되기 전에 하나님이 약속하셨던 것이었다(딛 1:2, 딤후 1:1). 그리고 이제 영생이라고 하는 하나님의 위대한 선물이 은혜 안에서 나타나게 되었다. 장차 죄가 사라지게 되고, 은혜와 의가 모두 영원토록 조화를 이루게 될 것이다. 하지만 은혜를 거절하고 죄악을 사랑하는 사람들은 영원히 잃어버린바 될 것이며, 영원한 지옥 불못에 버림받게 될 것이다.

제 4장 새 예루살렘의 크기

"내게 말하는 자가 그 성과 그 문들과 성곽을 측량하려고 금 갈대 자를 가졌더라."(계 21:15)

여기에 주어진 새 예루살렘의 크기는 실제적인 도시의 크기로 보아야 한다. 구약시대 성막을 지을 때, 성막의 크기도 실제적인 성막의 크기였다.

1. 모세의 성막의 크기는 여호와께서 설계하신 대로 정확한 치수를 따라서 지어져야 했으며, 그 크기와 치수는 문자적인 것이었다. 성막은 실제로 이스라엘이 만든 천막이었다.
2. 솔로몬 성전의 규모와 크기 또한 여호와께서 설계하신 대로 정확한 치수를 따라서 지어져야 했으며, 정해진 그 크기의 실제적인 건축물이 세워졌다는 것은 의심의 여지가 없다.
3. 에스겔 성전의 치수 또한 아주 세밀한 부분에 이르기까지,

여호와께로부터 주어졌다. 에스겔은 장차 미래의 성전에서 흘러나오는 거룩한 물을 측량했는데, 이 물을 일천 규빗 단위로 측량하면서, 사람이 능히 건너지 못할 깊은 강이 되는 것을 보여주었다. 이 때 이 물의 치수는 문자적인 것이었다.

4. 스가랴서 2장을 보면, 스가랴 선지자는 손에 측량줄을 잡고 있는 천사를 보았고, 그 천사는 스가랴에게 예루살렘을 측량하러 왔다고 말했다. 그러나 구체적인 치수는 제시되지 않았다. 이렇게 측량하는 이유는 바로 여호와께서 불로 둘러싼 성벽이 되어 예루살렘을 보호하시려는 의도였다.

5. 현재 상황에서도 천사는 새 예루살렘을 측량하려고 금 갈대자를 가지고 있다. 요한계시록 11장을 시작하는 부분과 비교해 보자. "또 내게 지팡이 같은 갈대를 주며 말하기를 일어나서 하나님의 성전과 제단과 그 안에서 경배하는 자들을 측량하되 성전 바깥 마당은 측량하지 말고 그냥 두라 이것은 이방인에게 주었은즉 그들이 거룩한 성을 마흔두 달 동안 짓밟으리라."(1-2절)

여기에 나타난 몇 가지 차이점들은 매우 교훈적이다. 요한계시록 11장에서는 (1) 천사가 아니라 요한이 측량하는 일을 했다. (2) 금 갈대가 아니었다. (3) 지팡이 같은 갈대였는데, 왜냐하면 이 시기는 지상의 예루살렘을 징계하는 시기였기 때문이다. (4) 요한계시록 21장과는 달리 여기에서는 치수가 주어지지 않았는데, 왜냐하면 지상의 예루살렘과 성전은 이방인들이 짓밟히도록 내어주었지만, 새 예루살렘은 천사들의 보호를 받기 때문이다.

영원한 새 예루살렘은 두 개의 치수만 소개되어 있다. (1) 하나는 거룩한 도시의 길이, 너비, 높이의 치수이며, (2) 다른 하나는 성벽 높이의 치수다.

모세의 성막과 솔로몬과 에스겔의 성전의 미세한 부분까지 치수를 설명하고 있는 것과는 이 얼마나 다른 모습인 것인가? 우리는 이것을 어떻게 설명할 수 있을까? 그에 대한 한 가지 큰 이유를 생각해보자면, 바로 하나님께서 이 거룩한 도시의 설계자이자 건축가라는 사실이다. 전자의 경우에는 사람이 건축하는 것이었기에, 아주 세부적인 부분까지 지침이 주어질 필요가 있었다. 왜냐하면 이 건축물은 하나님을 위한 것이었고 또 하나님의 생각은 우리의 생각보다 더 크고 높기 때문이다. 그러나 여기서 건축가는 하나님이시기 때문에 그럴 필요가 없다. 다만 두 개의 치수가 주어진 것은 우리로 하여금 이 천상의 건축물이 실제적인 건축물이란 사실을 확신하게 해주고 또 지극 높으신 하나님께서 품고 계신 천상의 도시의 웅장함과 그 지혜를 찬미하게 하려는 것이기 때문이다.

"그 성은 네모가 반듯하여 길이와 너비가 같은지라 그 갈대 자로 그 성을 측량하니 만 이천 스다디온이요 길이와 너비와 높이가 같더라."(계 21:15)

새 예루살렘은 정사각형 모양을 띠고 있다. 이것이 지극히 높으신 하나님의 의도라는 것이 이미 성막을 통해서 나타났다.

1. 모세 성막 가운데 지성소의 치수는 길이, 너비, 높이가 모두 10규빗(4.5미터)이었다.

2. 솔로몬 성전의 지성소는 길이, 너비, 높이가 모두 20규빗(9미터)의 정육면체였다(왕상 6:20).

3. 에스겔의 성전도 같은 치수였다.

4. 이것은 대제사장의 옷에도 나타나 있었다. 그는 가슴에 판결 흉패*를 붙이되, 정사각형이어야 했다(출 28:15,16). 에봇의 두 어깨받이에는 이스라엘 열두 지파의 이름을, 그 태어난 순서를 따라서 새긴 호마노 두 개가 있었다. 이것은 "기념 보석(stones of memorial)"이었다. 아론은 여호와 앞에서 그들의 이름을 자신의 두 어깨에 메고서 기념이 되게 해야 했다. 이러한 것들은 각 문마다 진주로 되어 있는 문에 해당되는데, 이 문에는 열두 지파의 이름이 새겨져 있다. 호마노는 진주와 가장 비슷한 색채를 띠는 보석이다. 세상에 있는 진주는 열두 지파의 이름을 새길 만큼 충분하지 못했기 때문에, 진주는 호마노로 대체되었다. 에봇의 어깨받이는 두 금 사슬로 가슴 흉패 두 끝에 있는 고리에 매어 놓았다. 이는 문들이 도시의 필수적인 부분이기 때문이다.

* 요한계시록에서 그리스도는 가슴 흉패를 착용하지 않고 있으며(계 1장), 그 대신 우리에게 이 모든 것의 실체인 도시를 보여주고 있다(계 21장). 구약시대의 대제사장은 하나님의 두 백성이 하나 됨을 이루고 있는 거룩한 도시를 상징하는 기념물을 그의 의복에 부착하고 있었던 것이다.

흉패는 "길이와 너비가 한 뼘씩 두 겹으로 네모 반듯한"(출 28:16) 정사각형이었다. 흉패는 그저 한 뼘 길이에 불과한 현재 육체적인 삶의 상징이었다. 하지만 새 예루살렘은 그 길이가 영원한 도시다! 영생의 삶은 결코 끝이 없을 것이다. 그렇다면 흉패는 하나님의 영광으로 빛나는 새 예루살렘의 상징이었으며, 이스라엘 자손들이 소망했던 영생을 기념하는 기념물이었다. 또한 여호와 앞에서도 영원한 기념이 되는 것이었는데, 왜냐하면 하나님의 백성들에게 영원한 거처와 도시를 주고자 하시는 하나님의 계획을 늘 기억하도록 하나님께 호소하는 것이었기 때문이다. 출애굽기 28장 12절을 보면, 이 "기념"이란 단어가 두 번 나오면서, 두 가지 사안을 언급하고 있는 것을 볼 수 있다.

흉패에는 열두 개의 보석을 금테에 물려 고정시켜 두어야 했다. 이 보석들에는 열두 지파의 이름이 새겨져 있었다. 첫 번째로 열두 지파의 이름은 대제사장의 어깨 위에 있어야 했는데, 이는 통치와 다스림이 대제사장에게 속한 것이었기 때문이다. 두 번째로 열두 지파의 이름은 여호와 앞에서 대제사장의 가슴에 있어야 했는데, 이는 대제사장의 중보를 통해서 천상의 도시와 그 영광이 우리의 것이 되었기 때문이다. 호마노와 흉패는 둘 다 순금으로 테를 만들어 매어두어야 했다. 이것은 곧 천상의 도시가 수정같이 맑은 정금으로 된 것임을 가리키며, 우리는 이 점을 여기서 두 번이나 언급하고 있음을 볼 수 있다. 흉패에 물린 열두 개의 보석은 새 예루살렘의 열두 기초석을 상징하는 표증이었다. 대제사장이 입는 에봇의 가장자리에는 금 방울과 석류가 달려 있었다. 그 이유는 새 예루살렘이 생명나무와 열두 가지 열매를 맺는 하나님의 낙원이기 때문이다. 그리고 약속의 땅을 정탐했던 정탐꾼들은 약속의 땅에서 나는 과실의 증표로서 석류, 포도, 무화과를 가지고 와서 이스라엘 자손들에게 보여주었다(민 13:23).

12,000스다디온(2,400킬로미터)은 하나님의 도시의 길이와 너비의 치수다. 하나님의 건축물은 얼마나 큰 것인가! 대부분 사람들에게 이 크기는 너무나 큰 것처럼 보인다. 그래서 많은 사람들은 각 길이와 너비가 3,000스다디온(600킬로미터) 정도일 것이라고 추측한다. 마찬가지로 옛날에는 노아의 방주가 너무 크다고 생각했는데, 지금은 너무 작다고 주장하는 사람들이 생겨나고 있다. 그러나 우리는 이 도시에 아무라도 사람이 셀 수 없을 정도로 많은 사람들이 살게 될 것이란 사실을 기억해야 한다. 뿐만 아니라 새 땅에 사는 만국에서 온 대표자들이 이 도시를 방문하게 될 것이며, 이 도시 안에서 환영식을 갖게 될 것이다.

이것을 다른 도시의 크기와 비교해 보자. 옛 예루살렘은 둘레가 33스다디온(6.3킬로미터)인 도시였다. 천상의 예루살렘은 둘레가 6천마일(9,600킬로미터)이다. 이 도시의 한쪽 길이는 2,400킬로미터인데, 런던에서 콘스탄티노플까지의 거리다! 여기서 우리가 유추할 수 있는 것은 새 예루살렘이 서 있게 되는 새 땅은 현재보다 훨씬 더 클 것이란 점이다. 로마 성벽의 둘레는 24킬로미터다. 2,400킬로미터가 천상의 예루살렘의 한쪽 길이다. "하늘이 땅보다 높음 같이 내 길은 너희의 길보다 높으며 내 생각은 너희의 생각보다 높으니라."(사 55:9) 예루살렘의 가장 큰 대적인 바벨론은 가로 세로 모두 120스다디온(23킬로미터)의 도시였다.

인간이 하나님의 거처를 지어야 했고 또 이동가능한 것이어야 했을 때, 10규빗(4.5미터)이 주어진 치수였다! 그리고 거기에 5를 곱한 것이 성막의 크기의 치수가 되었다. 솔로몬의 성전은 10을 곱한 크기였다. 10이란 숫자는 '부(rich)'를 상징하지만 불완전 숫자다. 그러나 완전수인 12는 영원한 하나님의 도시에서 하나님의 정하신 모든 것에 적용된다.

요한은 천사가 천상의 도시의 한쪽 면을 측량하는 것을 보았는데, 이 도시는 네모가 반듯하고 길이와 너비가 같았기에, 다른 쪽면의 크기는 굳이 측량하지 않아도 충분히 알 수 있었다.

그런데 이 천상의 도시의 높이도 12,000스다디온(2,400킬로미터)이었다! 그렇다. 이 크기는 실로 어마어마한 것이다. 어떻게 집의 높이가 2,400킬로미터가 될 수 있는가? 따라서 일반적으로 주석가들은 나름 이성적으로 접근한다. "전체적으로 미스테리하다."(Scott) "모두 상징적인 것일 뿐이다."(Stuart) "순전히 상징적인 그림으로 보아야 한다."(Kelly) "이것은 분명히 비유적이거나 상징적인 의미를 담고 있다."(Barnes) 하지만 나는 그렇지 않다고 본다! 이렇게 설명하고 싶다. 새 예루살렘은 옛 예루살렘과 마찬가지로 산 위에 세워진 도시다. 현재 예루살렘은 바다 위에서 약 762미터 높이에 있다. 천년왕국 시대엔 "여호와의 전의 산이 모든 산 꼭대기에 굳게 설 것이요 모든 작은 산 위에 뛰어나리니 만방이 그리로 모여들 것이라."(사 2:2) 하나님의 영원한 도시 또한 산 위에 세워질 것이다. 그 산은 열두 개의 보석을 기초석으로 삼고 있다. 성령께서 요한을 데리고 크고 높은 산으로 올라갔는데, 요한이 서있는 곳은 아마도 기초석을 쌓아올린 것 가운데 가장 높은 곳의 가장자리였을 것이다(계 21:10). 이 기초석의 높이와 기초석 위에 놓인 도시의 높이가 어느 정도의 비율인지에 대해선 우리에게 알려진 것이 없다. 이 점이 알려지지 않았다는 것이 어려움을 야기했다. 그리고 건축가가 아닌 사람이 기초 부분과 상부 구조물 사이의 최적의 비율을 생각해내는 것은 쉽지 않은 일이다.

나는 한때 이 기초석들이 12,000스다디온의 높이의 2/3 정도가 될 것이라고 생각했다. 하지만 (12,000*2/3에 해당하는) 8,000스다디온을 12로 나누면 미움의 숫자 666이 된다. 그래서 다시 기초석들이 12,000스다디온 높이의 3/4이라고 가정하면, 열두 기초석들의 높이는 각각 750스다디온(150킬로미터)이 된다. 또한 4에서 3을 곱하게 되면, 이는 도시의 배치가 되는데, 곧 네 개의 측면에 각각 3개의 문이 배치되는 것이다. 그렇게 되면 이 천상의 도시는 열두 개의 기초석을 겹겹이 쌓아 올린 맨 꼭대기에 있는 기초석 위에서 3,000스다디온(600킬로미터)* 높이의 도시가 놓이게 될 것이며, 그 도시의 중심에는 거대한 중앙 광장이 있게 될 것이다.

* 아라라트 산의 높이는 17,260피트(5.2킬로미터)이고, 눈이 4,000피트(1.2킬로미터) 정도 쌓여 있다. 몽블랑 산은 15,760피트(4.8킬로미터)다.

화가들은 보통 자신이 그린 그림의 한쪽 귀퉁이에 자신의 이름이나 이니셜을 넣는다. 내 생각엔, 하나님께서 여기에 그린 일을 하신 것으로 보인다. "그 성은 네모가 반듯하여."(계 21:16) 이 구절은 길이가 서로 다른 변을 가진 직사각형 모양이란 의미로도 이해할 수 있기 때문에, "길이와 너비가 같은지라"는 설명이 추가되었다. 그런 다음 혹시라도 잘못된 생각을 하지 못하게 하고자 "그 갈대 자로 그 성을 측량하니 만 이천 스다디온이요"(16절)라는 설명이 주어졌다. 이것은 길이와 넓이의 치수다. "길이와 너비와 높이가 같더라."(16절) 길이와 너비와 높이, 이 세 가지가 하나의 도시의 구조를 형성하고 있다. 그리고 세 가지는 또한 십자가를 형성한다. 오, 그렇다면! 여기에 위대한 창조주의 본질과 신적인 설계의 핵심이 담겨 있다! 즉 삼위일체(Three in One)의 본질이 있다. 이러한 하나님의 설명과 하나님의 역사에 대해서, 사람들의 자연적인 반응은 '터무니없을 뿐만 아니라 결코 가능하지 않다!'는 것이다. 이에 대해서 우리는 얼마든지 그렇지 않다고 말할 수 있다.

그렇지만 이 도시의 규모를 이해하는데 여전히 한 가지 큰 어려움이 있는데, 나는 그 점에 대해서 별로 할 말이 없다. 과연 만국백성들이 어떻게 2,400킬로미터를 오르내릴 수 있을 것인가? 어쩌면 엘리야가 천사가 준비해준 두 끼의 식사만으로 40일을 걸어서 호렙산에 갔을 때처럼 그들의 체력이 크게 신장되거나, 아니면 어떤 장치에 의해서 그들을 정상까지 들어 올리는 것일 수 있다. 사실 부활의 몸을 입고 있는 성도들에겐 아무 어려움이 없을 것이다. 부활하신 주님을 보라. "그들이 보는데서 올려져 가셨다."(행 1:9)

> "그 성곽을 측량하매 백사십사 규빗이니 사람의 측량 곧 천사의 측량이라."(계 21:17)

성곽(the wall)은 위에서 볼 때 첫 번째(또는 아래에서 볼 때 열두 번째) 기초석 위에 세워져 있으며, 벽면은 도시 전체를 둘러싸고 있다. 성곽의 높이는 144규빗(6.5미터)인데, 이는 충분히 납득할만한 수준의 수치이며, 이 정도 높이의 성벽은 얼마든지 이 땅에서도 볼 수 있다.

여기서 144는 12x12의 값이다. 이는 어쩌면 이스라엘 지파들의 숫자와 사도들의 숫자이거나, 아니면 열두 문과 열두 기초석의 숫자일 수 있다. "사람의 측량 곧 천사의 측량이라" 는 말은 여기에 제시된 치수는 곧 이 땅에서 사용하는 치수를 그대로 적용해야 한다는 의미를 알려주기 위한 것이 분명하다. 우리는 바산 왕 옥의 침상 크기에 대한 내용을 볼 수 있는데, 신명기 3장 11절은 "그것을 사람의 보통 규빗으로 재면 그 길이가 아홉 규빗이요 너비가 네 규빗이니라"(신 3:11)고 말하고 있다. 즉 한 규빗은 사람의 팔꿈치와 가장 긴 손가락 끝 사이의 거리를 가리킨다.

이 구절이 없었다면, 우리는 이러한 기준이 천사의 키(height)에서 나온 것이라고 생각했을 것이며, 그렇다면 어쩌면 너무 크다고 생각했을 것이다. 그렇지 않다. 천사의 키는 보통 사람의 키와 같다. 가끔 하나님께서는 새롭고 독특한 측정 기준을 주시곤 하시지만, 우리는 분명히 에스겔서에서 1규빗은 "팔꿈치에서부터 손가락에 이르는" 길이란 사실을 볼 수 있다(겔 43:13). 그렇다면 이것은 이 측량하는 수치를 문자적으로 받아들여야 하며, 이는 곧 천상의 도시와 그 크기를 문자적으로 이해해야 한다는 강력한 증거가 아니겠는가?

이 천상의 예루살렘의 부정적인 측면에 대해선 많은 것을 주목할 필요가 있다. 성벽의 높이(즉 기초석 위에서부터 144규빗)는 요한이 거룩한 성 예루살렘이 세워진 산 위에 서 있었음을 보여준다. 그는 첫 번째 기초석의 끝자락에 서 있었고, 열두 기초석은 그가 서 있던 곳부터 점점 아래로 수를 세었다. 그렇다면 열두 번째 기초석은 가장 아래에 있는 기초석이었을 것이다.

지상의 예루살렘은 그 거주민의 증가로 인해서 계속해서 확장될 것이다(사 54:1-3). 여기엔 그런 말씀이 없다. 왜냐하면 천상의 도시의 거주민은 부활한 사람들이고, 이 도시를 두르고 있는 성곽 안에는 출생하는 일도 죽음도 없기 때문이다.

천사는 "그 도시의 문들"도 측량해야만 했다(계 21:15). 우리가 에스겔 성전의 문(또는 입구) 크기를 전체적으로 알고 있는데, 사도 요한은 부활한 사람들의 거처에 대해서는 침묵하고 있다. 게다가 요한은 하나님께서 구원하신 이스라엘과 교회에 속한 사람들이 거주하게 될 많은 저택(요 14:2)에 대해서도 아무 것도 알려주고 있지 있다. 하지만 에스겔서를 보면 천년왕국 시대에 땅에 있는 성전에서 섬기는 종들의 방에 대해선 자세히 묘사되어 있다. 어째서 그런 것인가? 나는 이 점에 대해선 굳이 할 말이 없다.

하지만 하나님의 질서에 따른 이러한 수치는 문자적인 의미뿐만 아니라 영적인 의미도 가지고 있다. 마지막 심판이 이루어진 이후엔 이 천상의 도시는 상징과 상징화된 것이 함께 간다. 이

점이 현 사례에서 흥미로운 방식으로 나타나고 있다. 요한계시록에는 세 개의 주요하고도 특징적인 도시가 있다. (1) 옛 예루살렘, (2) 바벨론, (3) 새 예루살렘.

1. 요한계시록 11장에 있는 성전은 부분적으로만 측량되었다. 즉 성전과 제단과 그 안에서 경배하는 자들만 측량되었다. 이 세 가지는 이방인들의 공격으로부터 안전했다. 지상 예루살렘 성전 또는 성전 바깥 마당은 측량하지 않은 채로 남겨 두었다. 지상의 예루살렘과 성전 바깥 마당은 그들의 적들의 공격과 노략질에 그대로 노출되었다. 여자가 낳게 될 아이는 위에 있는 성전으로 올라감으로써 안전할 수 있었다(계 12:5). 사탄은 힘으로 방어막을 뚫으려고 헛된 시도를 했다. 결국 그는 전투에서 패배하게 될 것이며, 하늘에서 있을 곳을 다시는 얻지 못하게 될 것이다. 남자 아이(man child)는 하나님의 보좌 앞으로 올라가게 되고, 하늘에 거하는 자들은 안전하게 된 것을 즐거워하게 될 것이다.

2. 바벨론 또는 큰 음녀의 도시는 측량된 일이 없었다. 따라서 음녀는 짐승과 열 명의 악한 왕에게 넘겨지게 되고, 그들은 음녀를 미워하고 망하게 할 것이다. 음녀는 회개하지 않을 것이며, 마침내 심판이 빠르게 임하게 될 것이다.

3. 새 예루살렘은 전체적으로, 즉 도시, 성문, 성벽이 모두 측량되었다. 하나님께서 새 예루살렘과 그에 부속된 모든 것들을 보호하실 것이다. 만국백성들과 땅의 왕들이 매년 새 예루살렘에 올라올 것이지만, 새 예루살렘을 더럽히거나 짓밟기 위한 것이 아니다. 그들은 새 예루살렘을 하나님의 거처이자 또한 하나님

의 왕국의 수도로서 여기면서, 선물을 가지고서, 경외하는 마음으로 올라오게 될 것이다.

천년왕국 시대에는 예루살렘과 (에스겔이 보았던) 예루살렘 성전이 측량될 것이고, 둘 다 하나님의 보호를 받게 될 것이다. 천년이 끝나는 시점에 사탄은 땅의 사방 백성들을 미혹하는 일을 할 것이고 또한 예루살렘과 그 성전을 공격하게 할 것이다. 하지만 그의 간악한 시도는 하늘에서 내려온 불에 의해서 산산 조각 나게 될 것이다. "성도들의 진(the camp of the saints)"도 그곳에 있을 것인데, 이는 곧 땅에 있는 거룩한 도시를 지키고 보호하는 군대다. 하나님은 자신이 보호하시는 사람들을 잘 지켜내실 것이다.

제 5장 새 예루살렘의 건축 재료

"그 성곽은 벽옥으로 쌓였고 그 성은 정금인데 맑은 유리 같더라."(계 21:18)

성벽은 지상과 지하, 이렇게 두 부분으로 되어 있다. 이 구절은 지상 부분을 언급하고 있으며, 기초석들을 개별적으로 설명하고 있다.

성벽의 재료는 벽옥(jasper)이다. 사람들은 보석을 캐럿, 즉 4그레인(260그램)의 무게로 취급한다. 그런데 천상의 도시를 두르고 있는 보석들은 모두 한 덩어리의 보석이다.

여기서 사용된 보석이 무엇인가 하는 문제는 지금 다룰 문제가 아니다. 이 보석들은 아마도 대제사장이 입고 있는 옷에 부착되어 있는 열두 개의 보석과 같은 것일 것이다. 그렇지만 히브리어 단어가 말하는 보석과 그리스어 단어가 말하는 보석이 일치하지 않기 때문에, 그것이 정확히 무엇인지를 가리는 일은 사실상 불가능하다.

요한은 벽옥을 보석 중의 최고의 보석으로 여기고 있는 것 같다. 벽옥은 요한계시록에서 네 번 정도 등장하고 있다.

(1) 벽옥은 보좌에 앉으신 이의 색채였다(계 4:3).
(2) 새 예루살렘의 빛이 벽옥 같은 색채를 띠었다(계 21:11).
(3) 성벽의 지상 부분이 벽옥으로 되어 있었다(계 21:18).
(4) 거룩한 도시의 첫 번째 기초석이 벽옥이었다(계 21:19).

이 때문에 어떤 사람들은 벽옥이 혹 다이아몬드가 아닌가 하는 생각을 하곤 한다. 보석 가운데 최고의 보석이라고 할 수 있는 다이아몬드가 이처럼 영광스러운 도시, 완전함의 극치를 이루고 있는 새 예루살렘을 장식하는데 제외된다는 것은 있을 수 없다고 생각하기 때문이다. 여기서 확실히 배울 수 있는 것은 하나님의 새로운 도시는 맑고 강렬한 색상에 의해서 그 영광스러움이 한층 돋보이게 될 것이란 점이다.

성경을 해석하는데 문자적으로 해석해야 한다는 참된 근거가 바로 여기에 있다. 즉, 우리는 이렇게 문자적으로 성경을 해석하게 되면, 하나님께서는 여러 시대를 거치면서 자신의 계획을 진행해 나가시다가, 마침내 인간에 대한 최후의 심판을 집행하시고 나서, 참으로 복되고 영광스러운 결론을 맺으시는 것을 볼 수 있다. 하나님에게는 두 백성이 있다. 바로 (1) 이스라엘과 (2) 교회다.

이스라엘은 현재 버림받은 상태다. 그들에게 내려진 선고로 인해서 그들은 지금 '로암미' 즉 '내 백성이 아니다' 상태에 있다. 그러나 그리스도의 교회는, 이 요한계시록 3장 16절에서 볼 수 있듯이, 곧 버림받게 될 것이며, 더 이상 지상에서 하나님의 증인으로 인정받지 못하게 될 것이다. 그리스도의 입에서 토하여 내쳐지는 날이 오게 될 것이다. 복음의 비밀과 하나님의 은혜의 날이 계속되는 현 시점에서, 복음으로 인해서 우리 때문에 복음의 원수된 이스라엘은 장차 새로운 심판의 보좌가 세워지게 되면 다시 은혜의 자리로 부르심을 받게 될 것이다. 교회는 풍성한 은혜의 증인이다. 하지만 장차 심판의 시간이 오게 되면, 명목상의 교회는 증인의 자리에서 제쳐지게 될 것이다. 그 때가 되면, 모든 것이 다시 구약상태로 돌입하게 될 것이고, 이에 모든 말씀과 예언은 문자적으로 해석되어야 한다. 왜냐하면 이스라엘은 문자적인 하나님의 백성이고 또한 공의의 하나님이신 하나님의 증인이기 때문이다(고후 3:6, 7, 롬 2:27, 7:6).

그러므로 이 부분을 설명하는 주요한 구절은 출애굽기 25장 1-8절이다. 여호와께서는 이스라엘 자손들을 이집트에서 구속하신 후, 그들과 언약을 맺으셨다. 그리고 나서 선하신 여호와께서는 이렇게 말씀하셨다. "이스라엘 자손에게 명령하여 내게 예물을 가져오라 하고 기쁜 마음으로 내는 자가 내게 바치는 모든 것을 너희는 받을지니라 너희가 그들에게서 받을 예물은 이러하니 금과 은과 놋과 청색 자색 홍색 실과 가는 베 실과 염소 털과 붉은 물 들인 숫양의 가죽과 해달의 가죽과 조각목과 등유와 관유에 드는 향료와 분향할 향을 만들 향품과 호마노며 에봇과 흉패에 물릴 보석이니라 내가 그들 중에 거할 성소를 그들이 나를 위하여 짓되."

율법 아래에서 하나님은 이스라엘 자손들을 땅에서 구속하시는 권능으로 불러내셨고, "세상 초등학문"으로 가르치기도 하셨으며, 어떤 것들은 인간의 이성과 능력 안에 두기도 하셨다. 하지만 타락한 사람의 지성과 능력은 한계가 있을 수밖에 없었다. 그래서 여호와께서는 이스라엘 자손들이 여호와를 위해서 만들어야 하는 처소에 관하여 아주 세밀한 부분까지 지침을 주셔야만 했으며, 그러한 지침은 정확하게 이행될 필요가 있었다. "무릇 내가 네게 보이는 모양대로 장막을 짓고 기구들도 그 모양을 따라 지을지니라."(출 25:9)

그러나 새 언약 아래에서 하나님은 자기 아들 안에서 선택하신 하늘의 백성들을 위하여 자신의 전능하신 권능을 발휘하셨다. "그들이 이제는 더 나은 본향을 사모하니 곧 하늘에 있는 것이라 이러므로 하나님이 … 그들을 위하여 한 성을 예비하셨느니라."(히 11:16) 그렇다면 구약시대 이스라엘의 경우와 새 예루살렘의 경우에 하나님의 집을 건축하는데 동일한 재료를 언급하였다면, 우리는 두 번째의 경우에도 첫 번째의 경우와 동일하게 문자적으로 받아들이는 것은 너무도 당연하다. 여호와께서는 이스라엘 자손들이 자신을 위한 거처를 건축하는데 있어서, 금, 은, 구리라는 세 가지 금속을 요구하셨다. 이 세 가지 재료는 분명 문자적인 것인가, 아닌가?

이제 하나님께서 자기 백성들을 위해 건설하고자 하시는 더 나은 거처를 보면서, 우리는 세 가지 금속 중 하나인 '금'이 사용되는 것을 발견할 수 있다. 상대적으로 가치가 적었고 또한 여호와의 장막을 항시 이동해야 했으며, 광야에서의 모세의 불완전한 예배방식에 적합했던 다른 금속들은 생략되었다. 사실, 하나님께서 우리의 거처를 건축하는데 사용하신 금은 지상에 있는 어떤 것보다 우수한 품질을 가진 것인데, 장래에도 여전히 가치 있는 것으로 보인다.

출애굽기 28장에서 모세에게 또 다시 주어진 에봇과 흉패에 부착해야 하는 보석의 목록을 보면, 우리는 호마노와 여러 보석들을 볼 수 있다(출 28:9-21). 그리고 사도 요한이 새 예루살렘의 열두 기초석과 열두 문에 열두 가지 보석과 열두 개의 진주가 사용된 것을 설명하는 부분을 읽을 때, 우리는 이것을 문자적인 보석과 진주로 받아들여야 한다. 여기서 위대하면서도 참으로 복된 차이점은, 결국 지극히 높으신 하나님께서 자신의 지상 백성들이 일시적인 세대에서 불완전하게 행했고 또한 인간적인 힘으로 행했던 것을 자신의 하늘 백성들을 위해선 양과 질과 내구성에 있어서 완전한 재료를 사용해서 신적인 힘으로 이루어주실 것이란 점이다.

이스라엘이 하나님의 성소를 밝게 비추고자 만들어야 했던 등잔대, 즉 일곱 개의 가지를 가진 등잔대를 순금으로 만들라는 구절을 읽을 때와 마찬가지로, 우리는 "그 성곽은 벽옥으로 쌓였고 그 성은 정금인데 맑은 유리 같더라"는 구절을 읽을 때에도 동일한 느낌으로 읽어야 하지 않겠는가? 예전에 인간은 어두운 밤을 환하게 밝히려면 등잔을 준비해야 했으며, 기름 저장고에 가서 기름을 가져다가 등잔불을 밝혀야 했다. 이러한 빛이 필요하다는 것은 인간의 연약함과 불완전함을 말해준다. 그런데 요한계시록은 우리 앞에 하나님의 영원한 영광의 빛을 소개하고 있는데, 곧 첫째 창조에 속한 해나 달이 내는 빛이 아니라 하나님의 영광이 비침으로써 하나님께서 사랑하시는 사람들의 거처에서 어두운 밤을 몰아내고 영원토록 밝히게 될 것이다. 파란색, 보라색, 진홍색, 흰색은 땅의 왕궁을 화려하게 만들어 주었다. 바로 여기에 우리는 동일한 밝은 색이 구원받은 사람들의 영원한 거주지를 장식할 것이라고 말할 수 있는 근거가 있다. 과거 인간이 행한 일은 장차 미래에 하나님이 행하실 일을 기대할 수 있는 근거를 제공해준다.

이스라엘을 박해하는 일을 했고 또한 교회의 모조품이었던 큰 도시 바벨론의 예언적 파멸로 우리의 눈을 돌릴 때, 이러한 결론이 얼마나 강력하게 확증되는지를 다시 한 번 살펴보자. 그리스도의 신부가 받게 될 영원한 복을 요한에게 보여준 천사는 또한 음녀가 심판을 받게 될 것을 보여주었다. 그 때 요한은 한 여자가 붉은 빛 짐승을 타고 있는 모습을 보았는데 "그 짐승의 몸에 하나님을 모독하는 이름들이 가득하고 일곱 머리와 열 뿔이 있으며 그 여자는 자주 빛과 붉은 빛 옷을 입고 금과 보석과 진주로 꾸미고"(계 17:3-4) 있었다. 이 경우의 자주색과 진홍색은 이스라엘 성막의 경우와 마찬가지로 문자적인 "자색과 홍색"(출 28장)이었다. 하나님의 성막을 짓는데 사용된 파란색과 흰색은 음녀의 옷에선 사용되지 않았는데, 그 이유는 파란색은 하늘의 색이며 또한 그녀는 전적으로 땅에 헌신하는 존재였기 때문이다. 흰색도 빠졌는데, 이는 그녀가 전적으로 불의했고 또한 지극히 높으신 하나님에게서 정죄를 받는 존재였기 때문이다. 요한계시록 19장 8절과 6장 11절을 비교해보라. 하나님의 도시를 건축하는 데 사용된 세 가지 주요한 재료는 금과 보석과 진주다. 하나님의 도시로 가장한 바벨론도 이 세 가지로 장식하고 있었다. 그런데 가장 큰 차이점은 음녀는 "금과 보석과 진주로 꾸몄지만"(계 17:4), 하나님의 도시 자체는 "그 성은 정금"(계 21:18)이었다. 이 사실이 두 번이나 확고하게 언급되고 있다(계 21:18,21). 속이는 자는 사악한 방법으로 자신을 지구상에서 영구적이고 영광스러운 거처인 것처럼 꾸미고자 했다. 하지만 지극히 높으신 하나님께서는 자신의 거룩한 도시를 드러내고 또 친히 구속하신 백성들을 하늘에 모으시기 전에 음녀의 도시를 무너뜨리셨다.

음녀는 작은 보석 알과 금줄을 엮은 보석과 진주로 치장했다. 하지만 하나님께서는 거룩한 도시를 위해서 열두 문마다 각각 한 개의 진주로 만드셨고, 각종 보석으로 6천마일(9,656킬로미터)에 해당하는 자신의 도시를 장식하셨다.

"그 성은 정금인데 맑은 유리 같더라."(계 21:18)

성경에서 "정금 또는 순금"을 처음 언급한 것은 언제였을까? 처음으로 언급한 곳은 여호와께서 모세에게 성막의 재료를 말씀하시는 부분이었다. 여호와께서는 언약궤, 진설병 상, 그리고 등잔대를 순금으로 만들 것을 요구하셨다(출 25:11, 24, 31). 뿐만 아니라 대제사장의 흉패에 벽옥을 달고 또 고정할 때에도 순금을 노끈처럼 사슬을 땋아 흉패에 붙이도록 말씀하셨다(출

39:15). 여기엔 천상의 도시와 그 거주민들이 위에 계신 대제사장에게 전적으로 의존되어 있다는 사실을 알게 해주는 모형을 볼 수 있다. 이런 것이 과연 우연일까? 브살렐이 조각목으로 궤를 만들었을 때에도 순금이 사용되었는데, 즉 언약궤, 상, 등잔대(출 37:2,11,17)를 만들 때에도 순금이 사용되었으며 또한 흉패에도 사용되었다(출 39:15).

그리고 때가 되자 다윗이 선택한 아들 솔로몬이 광야의 장막을 대신하여 여호와의 성전을 건축하게 되었다. 이제 우리는 무엇을 볼 수 있는가? 솔로몬이 지성소를 "정금"(왕상 6:20)으로 입혔다. "솔로몬이 정금으로 외소 안에 입히고 내소 앞에 금사슬로 건너지르고 내소를 금으로 입히고 온 성전을 금으로 입히기를 마치고 내소에 속한 제단의 전부를 금으로 입혔더라." (왕상 6:21-22) 등잔대 열 개도 정금으로 만들었다(왕상 7:49). 게다가 솔로몬이 한 일을 역대하에서 다시 설명할 때에도 동일한 점을 다시 부각시키고 있다. 솔로몬 왕은 성전 앞에 있는 낭실과 성전과 그 들보와 문지방과 벽과 문짝, 그리고 지성소와 등잔대를 "순금"으로 입혔다(대하 3:4,5,6,8, 4:20).

솔로몬 시대에는 일곱 또는 여덟 가지의 종류의 금이 있었던 것으로 언급되고 있다. 금이 너무 풍부해서, 그는 최고 품질의 금에 대해 호기심을 가졌다. 우리는 "순금"과 "정금", "두들겨서 편 금", "가루 금", "덩어리 금"과 "순수한 금", "오빌의 금"과 "바르와임 금" 등을 볼 수 있다. 이는 여덟 가지 서로 다른 품질의 금이다.

그러나 땅에서 나는 최고 품질의 금이라 해도 새 땅의 금과는 비교가 되지 않는다. 새 땅의 금은 맑은 유리처럼 투명하다. 유리는 투명하지만 값이 싸고 깨지기 쉽다. 이 세상의 금은 귀하지만, 불투명하고 오래 사용하면 마모되기 쉽기 때문에 순수한 경우 더 단단한 금속과 합금해야 한다. 그러나 여기 하나님의 도시 자체가 정금으로 되어 있으며, 이 정금은 단단하면서도 맑은 유리처럼 투명하다.

이런 것이 우연일 수 있는가? 모세는 과연 솔로몬이 무엇을 소유하고 또 무슨 일을 할 것인지 알고 있었을까? 이들 중 누군가는 부활한 사람들의 거처로서 천상의 도시를 위한 하나님의 준비를 알고 있었을까? 모세, 솔로몬, 요한의 시대에 금이란 단어 앞에 "순수한"이라는 작은 단어가 사실은, 처음부터 모든 것을 계획하시고 또한 그들에게 하나님 자신의 지혜에 적합한 때와 방식으로 그 실상을 드러내시는 하나님의 손을 보여주려는 것이 아니었겠는가?

"그 성의 성곽의 기초석은 각색 보석으로 꾸몄는데 첫째 기초석은 벽옥이요 둘째는 남보석이요 셋째는 옥수요 넷째는 녹보석이요 다섯째는 홍마노요 여섯째는 홍보석이요 일곱째는 황옥이요 여덟째는 녹옥이요 아홉째는 담황옥이요 열째는 비취옥이요 열한째는 청옥이요 열두째는 자수정이라."(계 21:19, 20)

보통 기초석들은 보이지 않게 땅 속에 묻는다. 기초석들은 사실 필요한 것이긴 하지만, 사람들의 눈에 띠도록 겉으로 드러나게 하지는 않는다. 그러나 하나님께서 건축하실 때, 영원히 아름다운 것으로 건축하기를 원하셨다. "기초석들"이 있는 도시는 바울이 자신의 동포인 히브리인들에게 편지를 쓸 때, 하늘의 부르심을 받은 사람들이 들어가 살게 될 영원한 본향의 특징이었다(히 11:10). 그리고 나서 사도 요한은 나중에 이 천상의 도시에 대한 계시를 받았고, 앞서 바울이 받았던 계시를 더욱 확고하게 확정하는 일을 했다. 어쩌면 우리는 그 위대한 이방인의 사도보다 이 도시에 대해서 더 많은 것을 알고 있을 수가 있는데, 왜냐하면 요한계시록은 바울이 순교하고 나서 거의 30년 동안은 하나님의 종들에게 주어진 예언의 책이 아니었기 때문이다.

"기초석들 위에 세워진 천상의 도시!" 바로 여기에 인간이 건설한 모든 도시 보다 더욱 웅장하고 장엄한 모습이 있다. 고대의 위대한 도시들 중 일부는 여러 색으로 채색되었지만, 이러한 색상은 벽에 칠한 것일 뿐이었다. 하지만 우리는 역대하에서 솔로몬이 한 일을 볼 수 있는데, 즉 그는 "보석으로 성전을 꾸며 화려하게 하였으니 그 금은 바르와임 금"(대하 3:6)이었다. 그러나 하나님께서 하나님 자신의 황금 도시를 꾸미는데 사용하신 남보석(sapphires)과 자수정을 산처럼 쌓아올린 것에 비교하면, 솔로몬의 보석들은 얼마나 작고 조약돌 같은 것이었던가!

천년왕국 시대의 예루살렘에 대해서, 이사야 선지자는 이렇게 썼다. "너 곤고하며 광풍에 요동하여 안위를 받지 못한 자여 보라 내가 화려한 채색으로 네 돌 사이에 더하며 청옥으로 네 기초를 쌓으며 홍보석으로 네 성벽을 지으며 석류석으로 네 성문을 만들고 네 지경을 다 보석으로 꾸밀 것이며."(사 54:11,12)

이 보석들에 대해서는 알려진 것이 거의 없다. 그 이유는 이 보석들이 매우 희귀할 뿐만 아니라 가격도 매우 비싸고, 게다가 이 보석들의 이름도 히브리어와 그리스어가 서로 일치하고 있지 않으며, 현대인들에게 생소한 것도 있기 때문이다. 학자들 간의 지식과 확신의 차이로 인해서, 의견이 매우 분분하다.

나는 사도 요한이 말한 열두 보석과 모세가 말한 것이 동일하다고 생각하지만, 입증할 순 없다. 이 보석들이 같은 순서로 배열되어 있는 것도 아니다. 벽옥(jasper)은 모세가 마지막으로 언급한 보석이지만, 요한은 첫 번째로 언급하고 있다.

이 보석들의 이름과 색상만 살펴보자. 벽옥에 대해선 앞서 언급했다. 남보석(sapphire)은 하늘색이다. 남보석은 아마도 모세와 고대 사람들에게 같은 이름으로 사용되었던 것 같다. 옥수(chalcedony)는 왁스와 같은 색이다. 녹보석(emerald)는 녹색이다. 홍마노(sardonyx)는 아마도 빨간색과 흰색의 혼합색일 것이다. 홍보석(sardius)은 홍옥수이며, 빨간색이거나 살색을 띠고 있다. 황옥(chrysolite)은 금색이다. 녹옥(beryl)은 아마도 현재 아쿠아 마리나로 알려진 투명한 바닷물 색, 또는 밝은 녹색일 것이다. 담황옥(topaz)은 밝은 황색 포도주 색이다. 비취옥(chrysoprasus)은 아마도 황금빛 나는 녹색일 것이다. 청옥(jacinth)은 푸른빛이 나는 보라색이다. 자수정(amethyst)은 보라색 또는 장미빛 빨간색이다. 영원히 빛나는 태양 아래에서 이 투명한 색들의 조합은 얼마나 강렬하고 아름다울 것인가!

"그 열두 문은 열두 진주니 각 문마다 한 개의 진주로 되어 있고."
(계 21:21)

진주는 모세 시대의 호마노를 대체하는 보석이다. 호마노는 진주와 비슷한 색채를 띠고 있다. 세상의 진주는 크기가 작고 또한 두께도 너무 얇다. 그러나 하나님께서 자신의 아들과 구원을 받은 사람들을 위해 집을 지으실 때에는 현재 세상에서 힌트와 모형으로만 제시되었던 실제 재료들을 사용하신다. 진주가 얼마나 값진 것인지는 누구나 잘 알고 있다. 욥은 세상에서 가장 값진 것을 열거하면서, 진주와 홍옥을 언급했다(욥 28:18). 우리 주님은 값진 보석과 진주를 얻고자 자신의 소유를 다 판 상인에 대해서 말씀하셨다(마 13:44-45). 하지만 세상의 보석들은 깨어지기 쉽다. 클레오파트라 여왕은 안토니우스와 함께 식사하던 중, 가장 값진 진주를 식초에 녹여 마신 적이 있었는데, 이는 한 끼 식사로는 역사상 가장 비싼 식사였다.

이러한 보석들은 색채와 형태에 있어서 매우 아름답긴 하지만, 세상 왕들과 군주들의 영광처럼 쉽게 사그라질 수 있다. 이러한 보석들은 너무 비싼 것이기 때문에 사도 바울은 그리스도인 여성들에게 금이나 진주로 꾸미는 것을 금지시켰다. "또 이와 같이 여자들도 단정하게 옷을 입으며 소박함과 정절로써 자기를 단장하고 땋은 머리와 금이나 진주나 값진 옷으로 하지 말라." (딤전 2:9) 그렇기 때문에 음녀는 이러한 명령을 대적하는 반대 입장에 서 있었다(계 17:4).

요한계시록 18장에서 사도 요한이 문자적인 바벨론을 말하면서 금과 보석과 진주를 언급했고(12절) 또한 "금과 보석과 진주로" 꾸미고 있다고 했을 때(16절), 그가 문자와 상징을 혼동하고 있었다고 생각해서는 안된다. "화 있도다 화 있도다 큰 성이여 세마포 옷과 자주 옷과 붉은 옷을 입고 금과 보석과 진주로 꾸미고 있도다."(16절)

철은 감옥 문을 만들기에 적합한 금속이었지만, 천사가 베드로를 구출할 때 그 앞에서 문이 저절로 열렸다. 헤롯 성전은 고린도에서 나는 청동으로 문을 만들었는데, 사람들은 그것을 '미문(Beautiful gate)'이라고 부르며 극찬을 했다. 하지만 새 예루살렘의 열두 개의 문은 그보다 더욱 아름답다. 헤롯 성전의 미문 앞에서 구걸하던 앉은뱅이는 우리 주님의 이름으로 치유를 받았다. 그러나 이 천상의 도시의 시민으로서 이곳에 들어오는 모든 사람은 주 예수 그리스도의 속량을 받은 사람들이며, 이제는 더 이상 고통과 질병에 취약한 몸을 가지고 있지 않다.

내가 잘못 분별하는 것이 아니라면, 이 문 뿐만 아니라 문을 싸고 있는 건물도 단단한 진주로 되어 있을 것이다. 이 세상을 사는 동안에는 진주로 상감된 조그만 자개 상자를 가지고 있는 것만으로도 얼마든지 만족을 느낄 수 있다. 대부분의 사람들은 하늘 나라의 "황금 문"에 대해서 이야기하곤 한다. 그러나 하나님의 도시의 각 문과 입구는 진주로 되어 있으며, 가볍고, 더욱 귀하며, 노란색 보다는 흰색이 더욱 많기 때문에 마음에 안도감을 준다.

진주의 흰색은 극히 값진 진주의 비유에 숨어 있듯이, 사람이 자신의 돈으로는 살 수 없는 의(義)를 나타낸다. 흰색은 하나님 앞에서 의인 또는 의롭게 된 사람이 입는 흰 옷의 색이다(계 3:4). 그러므로 거룩한 도시로 들어가는 길은 "의의 문(the gates of righteousness)"을 통과하는 길 외엔 없다. "내게 의의 문들을 열지어다 내가 그리로 들어가서 여호와께 감사하리로다 이는 여호와의 문이라 의인들이 그리로 들어가리로다."(시 118:19,20) 모세도 솔로몬도 진주에 대해서 언급한 적이 없었다. 이는 어쩌면 그리스도께서 오셔서 이루신 십자가 사역의 은혜 덕분에 우리가 믿음에 의해서 의롭게 되는 것을 암시하는 것일 수 있다. "만일 의롭게 되는 것이 율법으로 말미암으면 그리스도께서 헛되이 죽으셨느니라."(갈 2:21)

"성의 길은 맑은 유리 같은 정금이더라."(계 21:21)

이 구절은 18절의 마지막 부분, 즉 "그 성은 정금인데 맑은 유리 같더라"의 단순한 반복일 뿐인가? 결코 그렇지 않다. 성경에는 의미 없는 반복은 없다. 이처럼 새로운 세상에 대한 짧으면서도 압축된 진술은 없을 것이다. 우리가 이 구절의 실상을 알아차리든 그렇지 않든, 여기에 진술된 내용은 중요하지 않은 것이 하나도 없다는 사실을 확신해도 좋다.

어떤 학자들은 각 구절이 표현하고 있는 좋은 의미에만 만족할 뿐, 그 문자적인 측면은 무시하는 경향이 있다. 하지만 우리는 각 구절의 문자적인 측면과 아울러 그 의도하는 바가 무엇인지를 파악하고자 힘써야 한다.

"성의 길(the street of the city)"이란 번역은 수정할 필요가 있다. 그토록 광대한 천상의 도시에 사는 시민들에겐 서로 대화하고 소통을 나눌 수 있는 거리와 공간이 많이 필요하다는 것은 분명하다. 뿐만 아니라 열두 문의 각각의 입구와 연결되어 있는 거리가 있을 것이고, 이 길은 이 도시의 중심과 연결되어 있을 것이다. 그렇기 때문에 이 거룩한 도시 중심에는 모든 거리와 연결되어 있는, 굉장히 크고 넓은 장소가 있을 수밖에 없다. 이런 것이 이 천상의 도시의 내부적인 특징이다.

이 점은 옛 예루살렘의 모습을 통해서도 확인할 수 있다. 예루살렘의 거리들은 좁고 비뚤비뚤한 모양을 이루고 있는데, 이런 것은 요새화된 여러 도시들과 마찬가지로 성벽을 보호할 수 있는 공간이 제한적이기 때문에 나타날 수 밖에 없는 자연스러운 모습이다. 구약성경을 보면, 우리는 예루살렘의 거리들을 복수형으로 말하는 10여 곳을 발견할 수 있다(렘 5:1, 7:17). 그러나 이전 시대에는 많은 사람들이 모일 수 있는 넓은 공간이 한두 개 있었던 것으로 보인다. 그러한 장소는 주로 단수로 표현되었다. 에스라는 유다와 베냐민의 모든 사람들을 하나님의 성전 앞 광장으로 불러 모았다(스 10:9, 느 8:1). 현재 예루살렘에는 넓은 광장이 하나 있는데, 예루살렘의 좁은 거리들이 이 광장과 연결되어 있다. 이런 넓은 공간은 하나뿐이다. 이 공간을 '하람(Haram)'이라고 부르는데, 가로 약 1,400피트(426미터), 세로 약 1,000피트(304미터)의 직사각형 공간이다. 이곳은 광장으로서, 예루살렘에서 가장 고귀한 건물, 즉 '오마르의 모스크'라고 불리는 광장이긴 하지만, 사실상 콘스탄틴이 우리 주님의 무덤이 있다고 생각되는 반석 위에 세운 건물이다. 여기에 우리는 옛 예루살렘과 새 예루살렘 사이의 놀라울 정도로 유사한 특징을 볼 수 있다. 요한계시록 11장 8절을 보면, "큰 성 길 … 곧 그들의 주께서 십자가에 못 박히신 곳이라"는 구절은 여기와 같이 정관사가 그 앞에 사용되고 있기 때문에, 이것은 오직 하나의 장소임을 말해준다.

"그들의 시체가 큰 성 길(in the square)에 있으리니."

두 증인이 처형을 당한 후에, 광장에 누워 있다. 예루살렘을 침략한 여러 이방나라 사람들은 두 증인의 시체를 나무에서 끌어내린 후 모욕하고, 3일 반 동안을 무덤에 장사하지 못하게 하면서 기뻐하고 즐거워할 것이다. 그러나 4일째 되는 날, 그들이 다시 살아나 하늘로 올라가게 되었고, 땅에는 큰 지진이 일어나 그들의 원수들과 집들을 파괴시킬 것이다.

이와는 반대로 새 예루살렘의 광장에 대해서 성경은 이렇게 말하고 있다. "광장 가운데로(In the midst of the square) 흐르더라 강 좌우에 생명나무가 있어 열두 가지 열매를 맺되 달마다 그 열매를 맺고 그 나무 잎사귀들은 만국을 치료하기 위하여 있더라."(계 22:2)

동방의 도시들을 보면, 거리들은 대개 흙과 먼지로 덮여 있다. 심지어 시편과 선지서들도 거리의 진흙같이 버려지거나 진흙같이 쏟아 버려지는 것에 대해서 말하고 있다(시편 18:42, 사 10:6).

그러나 새 예루살렘의 거리는 맑은 유리 같은 정금처럼 깨끗하다.

옛 예루살렘에 있는 큰 광장은 감람산 맞은편 도시의 한 쪽에 있다. 하지만 새 예루살렘에 있는 큰 광장은 거룩한 도시의 중심이자 가장 높은 지점에 있을 것인데, 이는 옛 성전의 지성소에 해당된다.

이곳은 정금으로 되어 있으며, 맑은 유리같이 투명하다. 거룩한 도시가 정금으로 만들어진 것과 같이 광장도 정금으로 만들어졌다.

21절이 없었다면, 우리는 이 거룩한 도시의 길이 흙으로 덮여 있을 것이라고 짐작할 수밖에 없었을 것이다. 왜냐하면 거룩한 도시의 광장 또는 길 가운데로 생명수가 흐르고 또 강 좌우에는 나무들이 자라고 있기 때문이다.

솔로몬 성전에 있는 지성소는 정금을 입힌 백향목으로 만들었다. 솔로몬 시대에 예루살렘에는 금이 많았지만, 20규빗(9미터) 입방체의 내소 전체를 정금으로 만들 수는 없었다. 그러나 새 예루살렘에서는 모든 것이 하나의 정금으로 만들어졌다. 솔로몬은 땅에서 나는 순전한 금을 알고 있었지만, 양적으로나 질적으로나 땅에서 나는 금과는 비교할 수 없을 정도로 엄청나게 우수한 하늘의 정금은 알지 못했다.

제 6장 새 예루살렘과 그 기초

　우리 하나님, 곧 지극히 지혜로우신 하나님의 영광은 계획을 세우고, 그 계획을 마침내 완벽하게 성취함으로써 세세무궁토록 빛나게 될 것이다. 하나님께서는 세상을 창조하신 이래로 그 계획을 성취하고자 진행되어 가는 섭리의 과정들을 알리셨고, 그 하나님의 계획이 어떻게 성취되어 가는지를 추적할 수 있게 해 주셨다.

　지극히 높으신 하나님께서는 아무리 오랜 세월이 흐른다 해도, 자신의 약속 또는 언약을 잊지 않으시고, 그 모든 것을 완성하실 것이다. 노아가 홍수 이후에 처음으로 새로운 세상에 발을 내딛었을 때, 하나님께서는 노아와 언약을 맺으셨는데, 그 속에는 위대한 마지막 도시에 대한 암시가 있었다. 노아는 죄로 가득한 세상에서 유일하게 의인이었고, 여호와께서는 노아와 언약을 맺으셨다. 노아는 방주를 만들었고, 방주에 들어간 모두를, 즉 사람과 짐승 모두를 구원할 수 있었다.

죽음의 홍수에 의해서 땅이 깨끗하게 되자, 노아는 방주를 나와서 새로운 땅에 거주하기 시작했다. 노아는 어쩌면 이런 생각을 했을지도 모른다. '이렇게 홍수에서 건짐을 받은 사람들이 다시 죄악을 저지른다면, 두 번째 진노의 홍수가 오지 않겠는가? 그래서 노아는 방주에서 나오자마자 제단을 쌓고 제물을 바쳤다. 여호와께서는 제물의 향기를 (히브리어로는 안식의 향기를) 받으셨다. 여호와는 이 제사를 통해서 심판을 막고 또한 영원한 화목을 이루는 토대를 마련하셨다. 뿐만 아니라 여호와께서는 안식을 가져온 노아에게서, 진실로 의로우시며 또한 자신을 희생제물로 바치신 그리스도의 모형을 보셨다. 여기에 죄를 속죄하고 또 의를 전가(轉嫁)함으로써 하나님을 위할 뿐만 아니라 우리를 위하는 안식이 있다. 그때 인류는 홍수의 끔찍한 심판에도 불구하고 여전히 또한 완전히 악했다. 하지만 여기에 노아와 땅의 모든 생물들에게 은혜를 베풀어줄 수 있는 토대가 놓일 수 있었다.

새 하늘들과 새 땅에는, 구원받은 사람들 곧 부활한 몸을 입은 사람들과 육체 가운데 있지만 선택받은 사람들 외에는 들어갈 수 없다. 여기에 영원한 안식의 플랫폼이 있다. 하나님과 어린 양이 거룩한 도시에 살고 계신다. 하나님께서는 자신의 완전한 의(義)에 의해서 완전한 안식을 가져오셨다. 그러므로 이 거룩한 도시는 하나님께서 자신의 더 나은 백성들을 위해서 예비하신 "안식과 기업"(히 9:15)이다. 그러므로 이 천상의 도시가 "열두 기초석" 위에 완벽하게 자리 잡고 있는 것은 당연한 일이라고 할 수 있다.

여호와께서는 오로지 은혜로 말미암아 노아에게 앞으로는 홍수로 인한 심판이 없을 것을 약속하셨으며, "땅이 있을 동안에는 심음과 거둠과 추위와 더위와 여름과 겨울과 낮과 밤이 쉬지 아니할" 것을 말씀하셨다(창 8:22). 그리고 땅에 거하는 자들에게 생육하고 번성하여 땅에 충만하라고 말씀하셨다(창 9:1). 하나님은 모든 피조물들이 인간을 두려워하며 무서워하도록 정하셨다. 이것은 인간의 타락 이전에는 없었던 일이었지만, 처음 창조의 때에 인간이 모든 피조물들 위에 행사했던 통치권을 대체하는 것이었다. 그리고 나서 지극히 높으신 하나님께서는 고기를 그 생명 되는 피째 먹지 말라는 조건 하에, 모든 산 동물들을 인간이 먹을 수 있도록 허락하셨다. 그리고 피를 흘린 죄는 반드시 심판하실 것이며, 다른 사람의 피를 흘린 사람은 그도 피를 흘리게 될 것이라고 명하셨다(창 9:5-6).

새 땅에서의 상황은 이것보다 더 나은 쪽으로 바뀌게 될 것이다. 생물이나 사람에게 더 이상 죽음은 없다. 사람의 음식은 또다시 물과 나무의 열매가 될 것이다. 주님은 창세기에서 피를 흘리는 사람의 심판자로 나타나셨다. 살인자들은 거룩한 도시 밖에 있게 될 것이며, 또한 불못에 던져지게 될 것이다(계 21:8, 22:15).

노아와의 언약이 체결된 후에 언약의 증거가 주어졌다. "내가 내 무지개를(my bow) 구름 속에 두었나니 이것이 나와 세상 사이의 언약의 증거니라."(창 9:13)

여기서 여호와께서 구름 속에 두신 "활(bow)"은 여호와의 것이다. "구름"은 땅에서 솟아오르는 악을 가리키며, 하늘을 가린다. 활(bow)은 전쟁과 복수를 의미한다. "활"은 멀리 쏘아 살상하는 전쟁의 무기다. 그러나 하나님의 활은 하늘방향으로 조준되어 있다. 화살을 활줄에 꽂으면 하늘을 향해 쏘게 될 것이다. 그리하여 하나님의 아들께서 타격을 입으셨고, 하나님 아들의 희생과 그분의 의(義)로 인해서 세상에 화평을 가져오셨다.

"활"과 "구름"은 둘 다 일시적인 것이지만, 하나님의 평화의 계획은 영원하다. 지금 있는 하늘들과 땅은 큰 소리를 내며 사라지게 될 것이다. 하지만 우리는 더 좋은 약속으로 더 좋은 언약 위에 세워진 새 하늘들과 새 땅을 소유하게 될 것이다. 새 하늘과 새 땅의 영원성이 새로운 세상에 세워진 하나님의 도시와 성전의 존재로서 충분히 입증되고 있다고 생각한다. 그러므로 새롭고 더 나은 언약의 징표에는 이에 상응하는 변화가 있을 수밖에 없다.

노아와의 언약 속 "구름"은 영원한 빛과 낮에 의해서 흩어지게 될 것이다. "활"은 더 이상 전쟁과 심판의 상징이 아닌 것이 될 것이다. 단단한 것으로 변하게 될 것이며 또한 하나님의 도시의 기초석이 될 것이다. 방주와 아라랏 산의 제단 대신에 우리는 하나님의 장막과 어린 양의 도시가 하늘의 시온산에 세워지는 것을 보게 될 것이다. 이로써 새 땅의 끝없는 축복의 중심이 될 것이며, 신령한 복의 원천이자 보증이 될 것이다. 단단하게 굳어진 활에는 더 이상 진노의 화살을 장착하는 일이 없을 것이며, 하나님이 구원하신 사람들의 안식처가 될 것이다.

내가 믿기론, 이것이 바로 천상의 도시의 기초석들이 열두 가지 색상을 띠고 있는 비밀이다. 열두 가지 색상이 무지개

(rainbow)의 일시적인 일곱 가지 색상을 대체할 것이다. 과학자들은 홍채의 일곱 가지 색상에 대해서 이야기하곤 한다. 하지만 여기서 지극히 높으신 하나님께서는 일곱 세대를 뜻하는 7이란 숫자를, 이제 이러한 세대를 끝내고 영원한 세계로 전환했기 때문에, 영원한 완전을 뜻하는 12란 숫자로 증폭시키셨다. 천상의 도시와 새 언약의 상징으로서 그 기초석들은 땅만큼이나 견고하다. 아니, 하나님의 보좌와 어린 양의 보좌만큼 견고하다. 복된 천상의 도시가 열두 기초석 위에 서있는 한, 하나님의 미소가 새 세상을 영원토록 밝히 비출 것이다. 새 언약의 상징이 하늘에서 빛나게 될 것이며, 무지개보다 훨씬 높은 하늘에 있어서 땅은 그 모습을 보고서 기뻐하게 될 것이다. 이런 것이 바로 이집트에 있는 피라미드의 영광보다 더욱 영광스러운 기초석 위에 세워진 천상의 도시의 모습이다.

무지개가 이렇게 견고해지는 것과 그 의미가 드러나게 된 것은 노아와의 언약이 이스라엘과 맺은 언약에 통합되면서부터였다. 그런 다음, 땅의 백성들을 대표하는 케루빔이 속죄소와 언약궤 위를 덮게 되었다. 그리고 나서 열두 가지 색깔을 가진 보석이 대제사장의 흉패에 장착됨으로써, 이런 의미가 노아 언약의 상징인 언약궤에 더하여졌다. 그리고 노아의 시대와 마찬가지로, 모든 것이 제사장과 제사장이 여호와께 바치는 제사에 달려 있게 되었다.

제 7장 만국과 땅의 왕들의 순례

"성 안에서 내가 성전을 보지 못하였으니 이는 주 하나님 곧 전능하신 이와 및 어린 양이 그 성전이심이라."(계 21:22)

성전의 의미를 가진 두 개의 그리스어 단어가 있다. 하나는 일반적으로 예배 장소와 그에 부속된 뜰을 포함하고 있는 단어다. 다른 하나는 집, 즉 지붕이 있는 거처를 의미한다. 두 번째 단어가 여기에서 사용된 단어다. 따라서 우리는 마지막 시대에, 하나님께서 더 이상 덮인 장소에 자신을 숨기실 필요가 없기에, 자신의 영광 가운데서 공개적으로 자신을 나타내실 것이란 사실을 알 수 있다.

이렇게 자신을 숨기는 일은 옛 세상이 계속되는 동안 필요했다. 지극히 높으신 하나님께서는 심지어 이스라엘에게서도 자신을 숨기셔야만 했다. 이는 그들이 죄인이었기 때문이다. 하나님께서는 광야의 성막에서 또는 예루살렘에서 진행된 일에서 과연 기쁨을 찾으실 수 있었을까? 나답과 아비후의 경우에서처럼, 죄가 하나님 앞에 숨김없이 드러난다면, 하나님께서는 즉시 범죄자를 처단하셔야만 했다.

마침내 죄는 제거될 것이고, 지극히 높으신 하나님의 눈과 귀는 구원받은 자들의 도시에서 말하고 행하는 모든 것들에 대해서 더 이상 불쾌감을 느끼시는 일이 없을 것이다. 범법자들이 제거되었기 때문에 심판하는 일도 더 이상 없을 것이다.

이 시점에서 한 가지 문제가 발생하는데, 이런 것을 트집을 잡으려는 사람들이 '여기에 모순이 있다!'고 외친다. 성전은 요한계시록 전반에 걸쳐 계속해서 언급되는 주제다. 대환난에서 나온 사람들이 성전에서 밤낮 하나님을 섬기고 있다(계 7:14-15). 그리고 요한은 성전을 측량하라는 부름을 받았다. 하늘에 있는 하나님의 성전이 열리고, 하나님의 언약궤가 보였다(계 11:1,19). 하나님의 천사들이 성전에서 나와서, 면류관을 쓰고서 예리한 낫을 들고 추수하는 자를 향하여 "당신의 낫을 휘둘러 거두소서"라는 요청을 하고, 이에 낫을 땅에 휘두르자 땅의 곡식이 거두어진다(계 14:15, 17). 성전이 마지막 진노의 대접을 땅에 쏟아붓기 위해 열리고, 성전에서 큰 음성이 나서 하나님의 진노의 일곱 대접을 땅에 쏟으라는 명령이 나온다(계 15:5,6, 16:1).

앞서 제기한 문제는 방금 언급한 원리에 의해서 제거된다. 하늘에 있는 성전과 그 성전에서 섬기는 천사-종들이 사람들의 죄와 이에 대해서 하나님이 진노하시는 시간 동안 활동한다. 그러나 우리는 옛 땅이 사라진 후에는 더 이상 성전에 대해서 들을 수 없다. 하나님과 사람과 관련된 모든 것들, 곧 "처음 것들이 다 지나갔기"(계 21:4) 때문이다.

하나님께서 천상의 도시에 거하실 것이고, 하나님의 임재가 그 도시를 성전으로 만들 것이다. 하나님께서 마침내 구원받은 자들을 하늘에 있는 하나님의 집으로 모으실 것이다. 이 곳이 바로 그리스도께서 "내가 너희를 위하여 거처를 예비하러 가노니"(요 14:2)라고 말씀하신 그 거처다. 그러나 부활의 방법 외에는 그곳에 들어갈 수 없다. 부활의 때에야 비로소 타락과 저주의 마지막 흔적이 사라지게 될 것이다.

"어린 양이 그 성전이심이라."(계 21:23) 우리 구주께서 십자가에서 이루신 구속 사역은 영원토록 잊히는 일이 없을 것이다. 구주의 구속사역이 우리 구원의 영원한 기초다. 우리 구주의 이름 곧 어린 양은 그분의 신성과 인성, 그리고 십자가의 공로가 합쳐진 이름이다.

여호와께서 하늘의 도시에서 자신을 나타내실 것이기에, 만국 백성들이 경배하러 올라올 것이다. 이 점은 땅을 향한 하나님의 진노의 마지막 무서운 일격이 가해졌을 때 선포되었다. "주의 의로우신 일이 나타났으매 만국이 와서 주께 경배하리이다 하더라."(계 15:4)

지극히 높으신 하나님께서는 우리 시대엔 지상에 자신의 모습을 나타내지 않으신다. 그러므로 우리는 마치 하나님께서 어느 한 장소에 계시는 것처럼, 그곳을 향해 순례의 여행을 갈 필요가 없다. 우리는 보이지 아니하시는 주 예수 그리스도의 보이지 아니하시는 아버지를 예배하는 사람들이다. 그러한 섭리적 특징 가운데 계신 하나님은 지상의 이곳이나 저곳이나 어디서든 예배를 받으신다(요 4:21). 하지만 그리스도의 재림 이후엔, 하나님은 자신의 약속을 따라서, 지상의 한 장소 곧 예루살렘에서 자신을 나타내실 것이다(시 76:2, 사 27:13, 24:23). 그러므로 예루살렘이 만국 백성들과 이스라엘의 지파들이 여호와의 이름에 감사하고 또 경배하고자 올라가야 하는 장소다(사 2:3, 렘 31:6, 시 122편).

오늘날 많은 사람들이 벽돌과 시멘트로 지은 건물을 하나님의 성전이라고 부르는 것은 어리석은 일일 뿐만 아니라 불신앙에 속한 일이다. 그렇지 않다! 하나님은 하늘에 계시기 때문에, 참된 예배자들은 영으로(in spirit) 하늘로 올라가야 한다. 현재 진짜 하나님의 집은 (성령께서 우리에게 말씀하시는 대로) 산 돌들(living stones)로 지어진 영적인 건물이다(딤전 3:15, 엡 2:19, 벧전 2:5).

요한계시록 21장 22절에 사용된 하나님의 이름, 곧 "주 하나님 곧 전능하신 이"란 이름은 교회 시대에 특별하게 계시된 이름인 "아버지, 아들, 그리고 성령"과 같지 않다. 오히려 그 이름은 구약성경에 나오는 하나님의 이름이다. "주 하나님(Lord God)"이란 이름은 창조주로서 하나님의 칭호다. "전능하신 이(The Almighty)"도 구약시대 하나님의 칭호다. 히브리 단어를 번역한 그리스어 단어는 두 가지 의미를 가지고 있다.

1. 이 이름은 아브라함 시대에 사용되었던 하나님의 이름인 엘 샤다이(El Shaddai)에 해당한다.

2. 이 이름은 율법 시대에 사용되었던 여호와, 곧 "만군의 하나님(God of Hosts)"에 해당한다.

"그 성은 해나 달의 비침이 쓸 데 없으니 이는 하나님의 영광이 비치고 어린 양이 그 등불이 되심이라."(계 21:23)

여기에서 어린 양은 이 구절의 끝부분에서 특별한 자리를 차지하고 있을 뿐만 아니라, 빛과 관련하여 "어린 양이 그 등불이 되시는" 특별한 차별점을 가지고 있다. 그리고 우리는 천년왕국의 끝부분에서 구주께서 모든 통치와 모든 권세와 능력을 멸하시고 자신의 왕국을 아버지께 바치심으로써, 아들 자신도 하나님께 복종하는 자리에 들어가 "하나님이 만유의 주로서 만유 안에 계시는"(고전 15:28) 입장을 취하실 것이라는 사실을 볼 수 있다. 하나님은 요한계시록에서 아버지, 아들, 성령의 이름으로 불린 적이 없다. 요한계시록의 마지막 장들은 우리에게 그리스도의 몸으로서 교회의 구원받은 자들의 특별한 위치가 아니라, 최종적으로 족장들과 이스라엘과 소아시아 지역의 여러 교회들의 구원받은 자들을 모두 포함하는 포괄적인 구원을 보여주고 있기 때문이다.

이 구절은 새 땅 위에 해와 달이 없을 것이고 또한 해와 달이 지구에 따뜻함과 빛을 주는 일은 없을 것이라고 말하고 있지 않다. 이런 생각은 지구 전체와 이 천상의 도시의 차이점을 간과한 데서 생겨난다. 이 천상의 도시는 단지 새 땅의 중심지일 뿐이다. 런던을 영국과 같은 곳으로 생각하는 사람은 없다. 그런데 많은 사람들이 천상의 도시와 영원한 세계를 하나라고 생각하고 있기 때문에, 혼란을 겪고 있다.

해와 달 모두 새 땅을 위해 존재한다는 것은 요한계시록 22장 2절에서 입증되고 있다. "강 좌우에 생명나무가 있어 열두 가지 열매를 맺되 달마다 그 열매를 맺고." 이 구절을 보면 일 년 열두 달이 존재하기 때문에, 당연히 해가 있다. 또한 달마다 열매를 맺기 때문에, 당연히 달도 있다. 그리고 해와 달은 계절과 연도뿐만 아니라 낮과 밤이 있음을 의미한다. 열두 달 뿐만 아니라 열두 시간씩 낮과 밤도 지속될 것이다. 12는 영원을 의미하는 숫자다.

그런데 해와 달이 천상의 도시를 위해 빛을 발할 필요는 없다. 물론 해와 달이 새 땅의 다른 지역에 빛을 비추듯이, 동일하게 차례로 도시에 빛을 밝힐 것이다. 해와 달이 없어도 천상의 도시는 독립적인 광원을 가지고 있기 때문에 어둠 속에 남겨지지 않을 것이다.

어느 곳이든 빛이 가장 중요하다. 빛이 창조되고 나서, 피조물의 창조가 시작되었다.

여호와께서 이스라엘을 선택하시고 속량하셨을 때, 그들에게 지침과 빛의 원천이 되어주셨다. 그들 가운데서 거하고자 강림하셨을 때, 여호와께서는 세 가지 근원에서 나오는 빛을 제공하셨다. 장막 위에 "불기둥"이 있어서 밤새 이스라엘 진영을 밝혔다. 지성소에는 셰키나, 즉 "하나님의 영광"이 있었고, 성소에는 일곱 가지가 달린 등잔대가 있었다. 성막은 소위 자체적으로 해와 달이 있었던 것이다.

천년왕국 시대의 예루살렘도 자체적으로 해와 달을 가지게 될 것이다(사 60:19,20). 그러나 천년왕국 시대의 예루살렘조차도 무너지게 될 것이다. 반면 천상의 도시와 그 영광은 영원할 것이다. 여기서 우리는 우림(URIM)을 볼 수 있는데, 곧 새로운 도시와 성소의 "빛들"을 볼 수 있다.

"만국이 그 빛 가운데로 다니고 땅의 왕들이 자기 영광을 가지고 그리로 들어가리라."(계 21:24)

여기서 우리는 성경해석의 전환점 중 하나에 이르게 되었다. 요한계시록이 잘 이해되지 않는 이유와 이 부분을 이해할 수 없는 것으로 치부하는 이유는 세 가지 잘못된 원칙을 설정하고 있기 때문이다. 즉

(1) 요한계시록은 상징적인 책이다. 너무나 상징적이기 때문에, 당신은 하나님께서 그러한 상징들을 설명하는 부분까지도 상징적으로 해석하려고 한다!

(2) 뿐만 아니라 이 하늘의 도시를 교회의 상징으로 보고 있다. 만일 그렇다면 문, 벽, 기초석 등도 전부 상징으로 보아야만 한다. 하지만 대부분 학자들은 열두 보석으로 된 기초석을 해석하려는 시도를 포기하고, 그저 설명할 필요가 없는 수수께끼로 남겨둔다. 다시 말해서, 만일 이 하늘의 도시가 교회라면, 이 도시에 들어가는 만국백성들을 그리스도의 지체로 보아야 하며, 그리스도의 지체로서 지위와 특권을 얻은 사람들로 볼 수밖에 없다.

이것은 세대들의 차이에 대한 성경의 가르침과 상반된다. 학자들은 만국백성들이 이 거룩한 도시에 들어가지는 않고, 다만

이 거룩한 도시를 순례할 뿐이라고 말하기도 한다. 이러한 해석상의 오류에 대해선 나중에 다룰 것이다.

  (3) 세 번째 잘못된 해석은 구원받은 사람들이 모두 하나의 몸을 이루며, 모든 구원받은 사람들이 다 죽음에서 부활하게 될 것이라고 보는 것이다. 그렇다면 "만국(the nations)"과 "땅의 왕들(the kings of the earth)"은 어디서 오는 것인가? 킹제임스 번역자들이 요한계시록 21장 24절에서 "만국" 뒤에 "구원받은 사람들"이란 단어를 추가한 것도 의심의 여지없이 이러한 생각과 분별 때문이었다. 어떤 학자들은 "만국"이란 단어가 그저 "구원받은 사람들"을 가리키는 또 다른 표현일 뿐이라고 설명하고 있다. 하지만 이렇게 추가해 넣은 부분은 잘못된 시도였다고 오늘날 대부분의 성경학자들은 보고 있다.

  그렇다면 이렇게 추가하도록 동기부여를 한 개념이 무엇인지를 살펴보자. '민족(nation)'이란 무엇인가? 하나의 민족은 한 사람 조상에게서 파생되어, 하나의 땅에 함께 거주하는 친족들의 공동체다.

  하지만 부활이 일어났기 때문에, 이렇게 친족들을 묶고 있었고 또 하나의 민족을 이루게 했던 육신의 유대관계는 사라졌다. 이 영원한 시대에서는 민족적인 구원이란 더 이상 없다. 복음 세대는 복음을 통해서 구원받을 사람을 선택하는 시대다. 장차 보좌 앞과 어린 양 앞에 서게 될 구속을 받은 사람들은 수를 셀 수 없이 큰 무리의 사람들이며, 결코 어느 민족에 속한 사람들이 아니라, 모든 민족 가운데서 선택을 받은 사람들이다(계 7:9). 여기

부활한 사람들은 이전의 육신과 국가에 속한 사람들이 아니라, 그들의 행실에 따라서 각 개인적으로 서로 다른 입장 위에 서 있게 될 것이다. 그러므로 구원받은 사람들은 "만국"에 포함되지 않는다. "만국"과 "교회"는 두 개의 전혀 별개의 공동체다. 새 도시가 있을 뿐만 아니라 새 땅도 있다. 그렇다면 각 민족은 각자 자신의 국가에 거주하게 될 것이며, 모두가 하나의 도시에 사는 것이 아니다. 장래 새 땅에서 영국인, 스코틀랜드인, 아일랜드인, 웨일즈인이 모두 런던에 살게 될 것인가? 아니면 각 민족마다 서로 다른 땅이 주어지는 것인가? 아니면 런던은 그 모든 민족 가운데 선택을 받은 일부의 사람들만 거하게 될 것인가?

이제 성경의 관점에서 "만국"을 살펴보자. 만국백성들은 요한계시록에서 끊임없는 증언의 대상일 뿐만 아니라, 하나님의 계획의 영원한 부분을 차지하고 있다.

1. 민족들은 노아의 홍수 후에 시작되었으며, 그들은 노아의 아들들의 후손들이다. 그들은 일찍부터 우상 숭배에 빠졌다.

2. 따라서 가나안 민족들의 악이 극에 달했을 때, 그들을 멸망시키기 위해 이스라엘이 보냄을 받았다. 이스라엘 자손들은 그들과 화해, 결혼, 또는 언약을 맺어서는 아니 되었다. 이 명령에 이스라엘이 불순종하였기 때문에, 그들도 우상 숭배에 빠지게 되었다.

3. 복음 시대에 자비의 메시지는 "모든 민족들"에게 보내어 졌다. 이 복음의 시대 동안 이스라엘은 여러 민족들 가운데 하나의 민족으로만 다루심을 받고 있다. 복음을 듣는 모든 사람들은 그

리스도를 믿는 믿음에 의해서, 그들의 이전 민족적인 신분과 삶의 방식을 버리도록 부르심을 받는다. 결과적으로 주님의 이런 복음 메시지는 그들을 아무도 셀 수 없는 하나의 큰 무리로 모으게 될 것이다. 하지만 그리스도를 거부하는 자들은 어떻게 되는 것일까? 하나님께서 인내하시는 현 시기 동안 그들은 바벨론의 포도주에 취하게 될 것이다(계 14:8, 18:3). 그리고 나서 그들은 참 그리스도의 이름을 버리고, 거짓 그리스도에게 붙게 될 것이다. 그들은 지상의 예루살렘을 점령하고, 예루살렘과 성전을 더럽히고, 하나님의 두 선지자를 죽이고, 그들의 죽음을 즐거워하고 기뻐하게 될 것이다(계 11:10). 그 결과 그들은 무서운 마지막 재앙을 맞이하게 될 것이다(계 16장). 그러나 그들은 회개하기는커녕 하나님을 향해서 분노하고, 악령에 의해서 충동을 받아 그리스도와 전쟁을 벌일 것이다. 주 하나님 곧 전능하신 이가 그들을 심판하시고 또 멸망시키실 것이다.

하지만 불경한 자들의 군대에 합류하지 않은 남은 자들이 있을 것이다. 이방민족들은 인자께서 모든 천사들과 함께 올 때에, 천사들에 의해서 재판장으로서 보좌에 앉아 계신 그리스도 앞에 모이게 될 것이다. 일부는 진노의 심판을 받고 또 일부는 아버지께 복을 받아, 기쁨의 천년왕국에 들어가게 될 것이다. 이것이 바로 "양과 염소 심판"에 대한 가르침이다(마 25:31-46). 한편 이렇게 천년왕국에 들어간 이방민족들은 천년왕국 기간 동안 철장에 의해서 다스림을 받게 될 것이다. 이는 뱀의 씨가 그들 가운데서 완전히 제거되지 않았기 때문이다.

4. 천년이 지난 후 사탄은 다시 풀려나게 될 것이고, 먼 북쪽 민족들, 곧 "곡과 마곡"을 미혹할 것이며, 거룩한 도시를 향해 전쟁을 일으키게 될 것이다(계 20:7-9). 이 대담한 불경스러움 때문에 하늘에서 불이 내려와 그들을 살라버리게 될 것이다. 그 불은 옛 땅도 태워버릴 것이며, 이로써 죽은 자들의 심판을 불러올 것이다.

그러나 모든 민족들이 이 마지막 불경스러운 죄에 참여하지는 않을 것이다. 이스라엘 민족도 잘못된 선택을 하지 않을 것이다. 여호와께서는 이스라엘 온 민족이 그들의 땅으로 회복된 후에 다 의롭게 될 것을 약속하셨다. 그렇다면 이스라엘 민족과 반역에 참여하지 않은 이방민족들은 어떻게 되는 것인가? 생명책이 결정하게 될 것이다. 생명책에 이름이 기록되지 못한 사람은 다 불못에 던져질 것이며, 그 이름이 생명책에 기록된 사람들은 영생을 얻게 될 것이다. 그렇다면 옛 땅이 불에 타게 될 때, 영생을 얻은 사람들은 새 땅으로 옮겨지게 될 것이고, 새 땅의 거주민이 될 것이다. 이것은 명확하게 언급되고 있지 않은데, 그 이유는 새 땅으로 옮겨지는 일은 하나님이 하실 일이기 때문이다. 사람이 홍수로부터 생명체를 구하는 일에 하나님의 일꾼이 되어야 했을 때, 하나님께서는 노아에게 지시사항을 전달하셨다. 그러한 지시사항이 없었다면 그는 무엇을 해야 할지 몰랐을 것이다. 그런데 이 마지막 구출행위는 전능한 힘에 의해서 이루어질 것이기에, 그런 방식이 더 이상 사용될 필요가 없다.

우리는 기록된 말씀을 통해서, 이렇게 일이 진행될 것을 확신할 수 있다. 옛 땅에서 "만국(the nations)"에 대한 마지막 언급은 다음과 같다. "사탄이 그 옥에서 놓여 나와서 땅의 사방 백성 곧 곡과 마곡을 미혹하고 모아 싸움을 붙이리라."(계 20:7,8) 한편 새 땅에서 만국에 대한 처음 언급은 무엇일까? 바로 "만국(the nations)이 그 빛 가운데로 다니고"(계 21:24)다. 그렇다면 "만국"이라는 표현의 의미는 옛 땅이 멸망하기 전이나 새 땅이 출현한 후에나 여전히 동일하게 유지되고 있는 것을 볼 수 있다. 천년왕국 시대 동안 그들은 죽은 자들 가운데서 부활한 성도들 가운데, 그리스도에게서 통치권을 부여받은 하늘의 왕들에 의해서 다스림을 받게 될 것이다. 그래서 그리스도는 "이기는 자와 끝까지 내 일을 지키는 그에게 만국(the nations)을 다스리는 권세를 주리니 그가 철장을 가지고 그들을 다스려 질그릇 깨뜨리는 것과 같이 하리라"(계 2:26-27, 12:5)고 말씀하셨다. 그러므로 그들은 새 땅에서도 여전히 부활한 성도들에 의해서 다스림을 받게 될 것이다. 가장 큰 차이점은 새 땅의 만국백성들은 모두 택함을 받은 사람들이고, 각 개인은 생명책에 그 이름이 기록된 사람이라는데 있다.

이방나라들은 원래 이스라엘에게 주어진 계획을 따라서 통치를 받게 될 것이다. 사실 그들은 천년왕국 시대에 이스라엘이 가졌던 것과 같은 신분을 얻게 될 것이다. 그 날에 "여호와의 말씀에 시온의 딸아 노래하고 기뻐하라 이는 내가 와서 네 가운데에 머물 것임이라 그 날에 많은 나라가 여호와께 속하여 내 백성이 될 것이요 나는 네 가운데에 머물리라 네가 만군의 여호와께서

나를 네게 보내신 줄 알리라."(슥 2:10,11)

천년 동안 이방나라들은 매년 예루살렘으로 올라가야 하며, 그곳에 거하시는 만군의 여호와를 경배해야 하며(슥 14장), 불순종하면 처벌을 받게 될 것이다. 새 땅에서도 동일한 제도가 지속될 것이지만(계 20:4), 처벌을 내리는 일은 없을 것인데 왜냐하면 지극히 높으신 하나님께서 새 언약 아래에서 그들의 마음에 순종할 수 있는 능력을 주실 것이기 때문이다.

그렇다면 이 시점에서 요한계시록의 마지막 두 개의 장에서 볼 수 있는, 두 부류의 구원받은 사람들에 대한 내용을 살펴보는 것이 좋을듯하다.

두 부류의 사람이 있을 것인데, (1) 부활의 몸을 입고 있는 성도들, 그리고 (2) 만국백성들이다. 이 두 부류의 사람들은 하나님과 맺고 있는 관계에서 차이가 있다.

만국은 이제 하나님의 백성이 된 사람들이며, 또한 하나님의 장막이 (또는 부활한 사람들의 도시가) 사람들과 함께 하고자 새 땅으로 내려오는 것을 통해서 복을 받은 사람들이다(계 21:1-4). 만국백성들은 "목마른 자들", "이기는 자들", "대환난에서 나오는 자들", "어린 양의 피에 그 옷을 씻어 희게 한 자들"에게 속하지 않는 사람들이다. 이러한 영예는 복음 세대에 사탄이 세상을 활보할 때 세상과 이스라엘에게서 박해를 받은 교회의 지체들에게 속한 것이다. 그러므로 하나님의 장막에 하나님과 함께 거하는 교회의 지체들은 성별된 제사장들과 왕들이다. 그들은 아들들이며, 상속자들이며, 하나님의 보좌 곁에서 섬기는 영예를 얻은 종들이다(계 21:6,7). 정리를 하자면 만국은 새 땅에 거하는 하나님의 백성들이다. 교회의 지체로서 부활한 사람들은 아들들이며, 새 하늘에 거하는 왕들이다. 부활을 통해서 천상의 도시의 거주민이 된 사람들은 생명나무의 열매를 자유롭게 먹는다. 그리고 천상의 거주민들은 그 나무 잎사귀들을 만국백성들을 치료하는데 사용할 것이다(계 22:2, 2:7).

만국백성들은 여전히 육신을 가진 존재이며, 교회의 지체들은 영광스러운 부활의 몸을 입고 있는 존재이기 때문에, 전자는 "땅에 속한 것의 영광"에 들어가고, 후자는 "하늘에 속한 것의 영광"에 들어간다(고전 15:40). 그렇지만 둘 다 영원한 세계에서 각자 자신들의 자리에 들어가게 될 것이다. 만국백성들은 부활한 사람들과 함께 살지는 않을 것이다. 하나님께서는 각자에게 맞는 서로 다른 거처를 마련하셨다. 그들의 상태에 합당한 거처가 따로 있다. 부활한 사람들은 더 이상 어두운 밤이 없는 하나님의 도시에 거주하게 될 것이다(계 22:14,19).

만국백성들의 경우엔 휴식이 필요할 것이고, 휴식을 취하기에 적절한 계절이 있을 것이다. 그렇다면 거기에도 낮과 밤의 순환이 있을 것이다. 이러한 순환은 영원히 계속될 것이다. 사탄의 거짓 그리스도를 경배했던 사람들에 대해서 성경은 이렇게 말하고 있다. "짐승과 그의 우상에게 경배하고 그의 이름 표를 받는 자는 누구든지 밤낮 쉼을 얻지 못하리라 하더라."(계 14:11) 그리고 "또 그들을 미혹하는 마귀가 불과 유황 못에 던져지니 거기는 그 짐승과 거짓 선지자도 있어 세세토록 밤낮 괴로움을 받으리라."(계 20:10)

반면 밤이 필요치 않고 또한 영원한 낮이 지속되는 곳에 사는 또 다른 부류의 사람들이 있다(계 21:25, 22:5). 그들은 부활의 몸을 입고, 천상의 도시 곧 하늘에서 내려오는 새 예루살렘에서 살게 될 것이다.

만국백성들의 거주지는 "새 땅"이다. 부활한 사람들의 거주지는 "새 하늘"이며 또한 천상의 도시, 새 예루살렘이다.

만국백성들은 매년 그들의 고향을 떠나 거룩한 도시의 방문자로서 순례의 길을 떠날 것이며, 선물을 가지고 거룩한 도시에 사는 왕들에게로 나아갈 것이다. 그들은 허락을 받아야만 거룩한 도시에 입장이 가능하기에, 이러한 조건들을 잘 숙지한 상태에서 들어가게 될 것이다(계 21:24-27).

만국백성들은 그들의 땅에서 그들을 통치하는 왕을 모시고 있다. 그러나 천상의 도시의 시민들은 "세세토록 왕 노릇 하는"(계 22:5) 왕들이다. 그들은 이미 신성하게 변화된 사람들이다(계 1:5,6, 5:9,10). 만민백성들은 치유가 필요할 것이지만, 죽은 자들 가운데서 부활한 사람들 곧 썩을 몸과 육의 몸을 벗어버린 천상의 사람들에겐 필요치 않다.

만국백성들이 천상의 도시에 거주하는 천상인(天上人)에게 가져오는 선물은 천상인들이 자신의 상관이자 통치자임을 고백하는 것을 의미한다. 만일 한 부류의 사람들이 영원한 왕이라면, 또 다른 부류의 사람들은 영원한 신하들일 수밖에 없다.

사도 바울은 교회 안에 있는 사람들과 교회 밖에 있는 사람들을 구분했다. 그러므로 사도 바울이 말한 대로 "안에 있는 사람들"과 "밖에 있는 사람들"은 영원히 구분되는 두 부류의 사람들이 될 것이다(고전 5:12).

"만국이 그 빛 가운데로 다니고(walk)."(계 21:24)

이 말씀 속에는 구원받은 자들의 두 번째 몸이 암시되어 있다. 곧 하나님의 뜻에 순종하고 또 하나님의 거룩한 도시에 하나님을 예배하고자 올라가는 이러한 거룩한 의무를 수행하는데 최적화된 몸이다. 그들은 걸어 다닐(walk) 것이다. 이 단어는 요한이 도보로 걷는 여행을 가리킬 때 사용했던 단어다. "예수께서 갈릴리에서 다니시고(walked) 유대에서 다니려 아니하심은…."(요 7:1) 그들 중 일부에게는 아마도 먼 거리를 걸어서 왔을 것이다. 그들은 거룩한 도시의 빛을 의존해서 여행할 것이다. 어쩌면 해가 빛을 내지 않기 때문일 수도 있다. 만일 시간이 밤이고, 달이 없다면 빛이 충분하지 않을 수 있다. 그 때 천상의 도시가 3배나 밝은 빛을 비출 것이고, 그들을 빛으로 인도할 것이다. 그들은 거룩한 도시로 가는 길의 지도가 필요치 않을 것이다. 요한복음에 있는 성경 구절은 우리에게 놀라운 통찰을 준다. 주 예수님께서는 예루살렘으로 올라가고자 하셨는데, 제자들은 마치 주님이 죽으러 가려는 줄 생각하고 만류했다. 그 때 주님은 이렇게 말씀하셨다. "낮이 열두 시간이 아니냐 사람이 낮에 다니면 이 세상의 빛을 보므로 실족하지 아니하고 밤에 다니면 빛이 그 사람 안에 없는 고로 실족하느니라."(요 11:9,10, 12:35) 그들은 낮이나 밤이나 천상의 도시가 내는 빛을 보고서 순례의 길을 걸어가게 될 것이다.

만국백성들이 새 예루살렘으로 올라가는 이유에는 다음과 같이 여러 가지가 있다.

1. 그들은 거룩한 도시 예루살렘에 거하시는 그들의 하나님을 경배하러 올라갈 것이다. 내가 믿기론, 율법 아래에서 절기를 지켰던 것처럼 그 때에도 특별한 절기가 있을 것이다. 천년왕국 시대에는 확실히 절기를 기념하는 일이 있다(사 27:13). "여호와가 말하노라 매월 초하루와 매 안식일에 모든 혈육이 내 앞에 나아와 예배하리라."(사 66:23, 렘 31:6, 슥 14:16)

2. 그들이 해결하기에 너무 어려운 문제들, 이를 테면 진리적인 문제나 또는 그 진리를 실제로 적용하는 문제에 대한 답을 얻기 위해 올 것이다. 마치 스바 여왕이 지혜로운 왕에게 어려운 질문을 가지고 온 것과 같다(대하 9:1).

여호와께서 모세를 통해서 이스라엘에게 내리신 명령은, 내가 보기엔 그 날에 이루어질 것 같다. 하늘의 예루살렘은 예배와 통치의 중심지가 될 것이다. 그 때 여호와께서 모세에게 주신 명령은 이스라엘이 약속의 땅에서 안식과 유업을 얻었을 때, 그분이 자신의 이름을 두시고 또 거주하실 특정한 장소를 택한 후에, 그들은 자원제물과 서원제물을 그곳으로 가지고 가야 한다는 것이었다. 그들은 그곳에서 먹고 기뻐할 수 있었다. 그들의 십일조와 소와 양의 처음 난 것은 오직 그곳에서만, 즉 "여호와 앞에서만" 먹을 수 있었다. 이는 그들이 여호와의 백성인 것과 가나안 사람들의 우상 숭배를 거절한다는 의미였다(신 12:1-18). 그들이 지켜 기념해야 하는 세 가지 절기가 있었는데, 그 절기는 선택된 장소에서만 기념할 수 있었다. 곧 (1) 구속과 해방을 기념하는 절기인 유월절, (2) 예물을 가지고 주님 앞에서 기뻐하는 칠칠절, (3) 모든 남자가 주님 앞에 자신을 바치는 초막절(신 16:6,7, 출 23:7)이다.

3. 이스라엘 사람들은 모든 우상 숭배자들을 멸해야 했다. 새 언약 아래에서는 이전에 사람들에게 하라고 요구하신 일을 하나님께서 직접 행하실 것이다(계 21:8, 22:15). 그들끼리 해결하기 어려운 사건이나 문제는 정해진 곳으로 제사장들과 사사들에게로 가져가야 했다. 그들이 결정을 내리면 항소할 수 없었다(신 17:1-13).

"땅의 왕들이 자기 영광을 가지고 그리로 들어가리라."(계 21:24)

이 구절은 많은 사람들에게 걸림돌이 되고 있다. 그런 사람들은 이 세상의 신분제도의 불평등성이 영원까지 이어질 것이라고 믿지 않는다. 그렇다면 "땅의 왕들"이 자기 영광을 천상의 도시로 가져온다는 구절은 무슨 뜻일까? 그들은 "땅의 왕들"을 이전 세대의 왕들로 생각하고 싶어 한다. 그리고 "자기 영광"은 옛 땅에서 그들이 가지고 있던 왕권이라고 생각한다. 여기에 해석상의 실수가 있다. 이 사람들은 새 땅의 왕들이며, 거룩한 도시 바깥에 사는 만국의 왕들이다. 그리고 그들이 가지고 오는 영광은 새 땅의 영광이다. 신분상의 차이는 태초부터 하나님이 정하신 계획의 일부이며, 이러한 차이는 영원히 지속될 것이다(계 22:5).

옛 땅의 왕들은 그리스도를 대적하는 일을 했다. 그들은 먼저 이교적인 로마의 통치를 받아들였고(계 17:18), 하나님께서 인내하시고 또 교회를 모으는 시기 동안, 큰 음녀의 미혹을 받았다. 그리고 나서 그들은 그리스도를 대적하는 전쟁에 참여하였고, 죽임을 당했다(계 16:12-14, 19:19). 그리고 나서 구주께서는 새 왕들을 일으키셨고, 천년 동안 자신과 함께 만국을 다스리게 하셨다(계 20:4,6). 그러므로 요한계시록 21장 24절에서 말하는 "땅의 왕들"은 새 땅에 거주하는 만국의 왕들이다.

새 땅에는 두 부류의 왕이 있다. (1) "만국"의 왕이 있다. 이들은 거룩한 도시 밖에서 그들의 영토를 가지고 있고, 그곳에서 산다. 하지만 그들은 특정 절기마다 거룩한 도시로 올라올 것이다. (2) "하늘의 왕들" 또는 "하나님의 도시의 왕들"이 있다. 그러므로 땅의 왕들은 천상의 도시에 사는 부활한 왕들과 구별하기 위해서 의도적으로 "땅의 왕들"이라고 불리고 있으며, 하늘의 왕들보다 하급 왕들임을 나타낸다.

신자들은 지금 하나님께 "왕들과 제사장들"로 성별되었다(계 1:6, 5:10). 신자들은 지금은 다스리는 일을 하지 않지만, 장차 그리스도께서 영광스러운 왕국을 이 땅에 세우실 때에는 통치하는 일을 하게 될 것이다. 그 때까지 신자들은 복음 안에서 인내해야 한다(고전 4:8). 지금 다스리는 일을 하는 것은 하나님께서 겸손으로 부르신 이 시대에 자기를 높이는 것이며, 장차 오는 그 영광의 날에 오히려 낮아지는 일을 경험하게 될 것이다.

거짓 그리스도가 일어나게 되면, 옛 땅에는 두 부류의 왕이 있을 것이다. 첫 번째 "땅의 왕들"은 길건 짧건 세상의 나라들을 통치해 온 왕들이다. 그 후에 열 명의 왕이 등장하게 되는데 이들은 영토를 소유하지 않은 왕들이며, 자신들의 능력과 권세를 거짓 그리스도에게 주고 그와 함께 왕 노릇하는 자들이다(계 17:2, 12-14).

한편 새 땅에는 두 부류의 왕이 있을 것인데, 그 차이점은 매우 분명하다. 부활의 몸을 입고 있는 왕들은 천상의 도시에 거주하지만, 천상의 도시 바깥에 사는 만국의 왕들은 천상의 도시에 거주하는 왕들을 방문하고자 올라올 것이다. 이러한 구별은 매우 사실적일 수밖에 없는데, 한 부류는 육체의 생명을 가지고 있고 또 다른 부류는 부활의 몸의 생명을 가지고 있기 때문이다.

지극히 높으신 하나님의 이러한 의도는 솔로몬의 통치에 암시되어 있었다. "솔로몬이 그 강에서부터 블레셋 사람의 땅에 이르기까지와 애굽 지경에 미치기까지의 모든 나라(all kingdoms)를 다스리므로* 솔로몬이 사는 동안에 그 나라들이 조공을 바쳐 섬겼더라."(왕상 4:21) "솔로몬이 그 강 건너편을 딥사에서부터 가사까지 모두, 그 강 건너편의 왕(over all the kings)을 모두 다스리므로 그가 사방에 둘린 민족과 평화를 누렸으니."(왕상 4:24) "천하의 열왕(all the kings of the earth)이 하나님께서 솔로몬의 마음에 주신 지혜를 들으며 그의 얼굴을 보기 원하여 각기 예물을 가지고 왔으니 곧 은 그릇과 금 그릇과 의복과 갑옷과 향품과 말과 노새라 해마다 정한 수가 있었더라."(대하 9:23-24)

* 그리고 역대하 9장 26절을 보라. "솔로몬이 유브라데 강에서부터 블레셋 땅과 애굽 지경까지의 모든 왕을 다스렸다(reigned

over all the kings)"고 말하고 있다.

성경은 이 말씀을 이렇게 설명하고 있다. "땅의 왕들이 자기 영광을 가지고(bring) 그리로 들어가리라."(계 21:24) 여기서 "가지고(bring)"라는 단어는 현재형이며, 이는 땅의 왕들의 행동이 습관적이고 관례적인 것임을 의미한다. 땅의 왕들은 이 천상의 도시에 사는 천상인들을 자신들이 받들어 섬길 자로(as their superiors) 여기면서, 그들에게서 은총과 혜택을 받으며, 선물을 가져다줌으로써 감사를 표현할 것이다. 성경에서 우리는 끊임없이 우월한 자들(superiors)에게 선물을 가져다 바치는 것을 볼 수 있다. 잠언에는 이렇게 기록되어 있다. "사람의 선물은 그의 길을 넓게 하며 또 존귀한 자 앞으로 그를 인도하느니라."(잠 18:16)

1. 요셉의 형들은 이집트의 총리였던 요셉에게 선물을 가져왔는데, 이는 그곳에서만 식량을 구할 수 있었기 때문이다. 그들의 아버지 야곱은 그들에게 이렇게 말했다. "그러할진대 이렇게 하라 너희는 이 땅의 아름다운 소산을 그릇에 담아가지고 내려가서 그 사람에게 예물로 드리니 곧 유향 조금과 꿀 조금과 향품과 몰약과 유향나무 열매와 감복숭아이니라."(창 43:11) 그들은 그렇게 준비를 했고, "예물을 정돈하고 요셉이 정오에 오기를 기다리더니 요셉이 집으로 오매 그들이 집으로 들어가서 예물을 그에게" 바쳤다(25,26절).

2. 사울은 선지자 사무엘에게 잃어버린 암나귀들의 행방에 대해서 묻고자 선물을 가지고 왔다(삼상 9:8). 여로보암 왕은 자기 아들이 병이 들자 선지자를 찾아가 물을 때, 자기 아내에게 "떡 열 개와 과자와 꿀 한 병을 가지고 그에게로 가라"고 말했다(왕상 14:2-5). 벤하닷 왕은 병이 들었을 때 자신이 이 병에서 살아날 수 있는지를 묻고자 자신의 신하 하사엘을 엘리사에게 보내면서, "다메섹의 모든 좋은 물품으로 예물을 삼아 가지고 낙타 사십 마리에 싣고"(왕하 8:7-9) 가도록 지시했다.

3. 선물은 신하들이 왕에게 바치는 것이었다. 사울이 왕이 되었을 때 어떤 불량배들은 예물을 바치는 일을 거부하였는데, 이는 그들의 불신과 경멸을 표현하는 것이었다(삼상 10:26,27). 나발은 다윗에게 자신의 양떼들을 보호해주는 은택을 입었지만 다윗에게 선물주기를 거부했다. 주님은 다윗이 친히 복수하는 것을 막으셨지만, 10일 후에 그를 치셨고 그는 죽었다(삼상 10장).

4. 여호와께서는 절기를 지키러 자신 앞에 나올 때 "빈 손"으로 나오지 말라고 말씀하셨다. 이것은 호렙에서 명령하신 것이었다(출 23:15). 첫 번째 돌판이 깨어지고, 모세가 두 번째 돌판을 받음으로써 언약이 회복되었을 때, 이 명령은 다시 주어졌다(출 34:20). 그리고 이 명령은 최종적으로 율법의 마지막 책에 기록되었다(신 16:16). 그들이 하나님의 존전 앞으로 나올 때에는, 항상 하나님께서 베푸신 큰 은혜를 인정해야만 했다. 하나님의 백성들은 모든 것이 하나님의 선하심에서 나온다는 것을 인식하고 인정해야만 한다.

5. 천년왕국 시대가 되면, 예전에는 거의 신경 쓰지 않았던 이 명령이 지켜질 것이다. "나라들은 네 빛으로, 왕들은 비치는 네 광명으로 나아오리라 … 내가 노하여 너를 쳤으나 이제는 나의 은혜로 너를 불쌍히 여겼은즉 이방인들이 네 성벽을 쌓을 것이요 그들의 왕들이 너를 섬길 것이며 … 네가 나라들의 젖을 빨며 뭇 왕의 유방을 빨고."(사 60:3,10,16, 49:23) "예루살렘에 있는 주의 전을 위하여 왕들이 주께 예물을 드리리이다."(시 68:29) "다시스와 섬의 왕들이 조공을 바치며 스바와 시바 왕들이 예물을 드리리로다 모든 왕이 그의 앞에 부복하며 모든 민족이 다 그를 섬기리로다."(시 72:10, 11, 15).

위에서 인용한 구절들을 보면, 우리는 땅의 왕들이 가지고 오는 "자기 영광"이 무엇인지를 알 수 있다. 영광은 두 가지인데, (1) 도덕적인 영광과 (2) 육체적인 영광이다.

한 가지 영광은 가져올 수 없는 것이고, 다른 영광은 가지고 올 수 있는 것이다. 그들 나라의 최고의 물건을 왕들이 가지고 올 것이다. 이것은 스바 여왕이 가지고 온 선물을 통해서 확인할 수 있다. "예루살렘에 이르니 수행하는 자가 심히 많고 향품과 심히 많은 금과 보석을 낙타에 실었더라 … 이에 그가 금 일백이십 달란트와 심히 많은 향품과 보석을 왕에게 드렸으니 스바의 여왕이 솔로몬 왕에게 드린 것처럼 많은 향품이 다시 오지 아니하였더라."(왕상 10:2,10)

"자기 영광을 가지고 그리로 들어가리라."(계 21:24)

    여기서 우리는 어떤 학자들이 이렇게 주장하는 것을 볼 수 있다. 즉 '그들은 거룩한 도시에 영광을 가지고 올 뿐, 그곳에 들어가지는 않을 것이다.'
    이러한 생각은 이 구절이 천년왕국 시대에 일어나는 일이라는 추측에서 비롯된 것이다. 천년왕국 기간 동안, 새 예루살렘 곧 천상의 도시는 지상으로 내려오지 않을 것이다. 이 천상의 도시는 옛 예루살렘과 옛 땅 위에 있는 하늘에 떠있을 것이기 때문에, 당연한 말이지만, 옛 땅에 사는 만국백성들은 그리로 들어갈 수 없다. 이 구절을 잘못 이해하는 또 다른 이유도 있다. 즉 이 천상의 도시를 교회로 보기 때문에 생기는 오해인데, 만일 만민백성들이 이 거룩한 도시에 들어오게 되면 그들도 교회의 신분을 얻는 것을 의미할 수밖에 없다. 그러나 만민백성들은 교회가 아니기 때문에, 교회의 신분을 가질 수 없다. 유대인, 이방인, 그리고 하나님의 교회는 하나님께서 인간을 셋으로 나누신 구분이기에, 서로 섞일 수 없으며 상호 배타적이다.
    만국백성들이 거룩한 도시로 들어오지 않을 것이란 생각은 인간적인 추측에 불과하다. 그들은 거룩한 도시로 들어올 것이다. 만일 그들이 거룩한 도시로 들어온다면, 그 시기는 천년왕국이 끝나고 영원한 세계가 시작되었기 때문이다. 이제 그 증거들을 살펴보자.

1. "땅의 왕들이 자기 영광을 가지고 그리로(into it) 들어가리라." 이 구절에서 사용된 전치사 eis/ into가 그 증거다. 동작 동사에 이 그리스어 전치사 eis/ into를 사용하면, 어떤 건물 안으로 들어가거나 또는 도시 속으로 들어간다는 의미를 나타낸다. 여호수아 6장 20절을 보라. "성벽이 무너져 내린지라 백성이 각기 앞으로 나아가 그 성에 들어가서(into the city) 그 성을 점령하고." "성읍으로 달려 들어가서(into the city) 점령하고."(수 8:19, 마 9:1,28, 행 8:40 등).

2. 또 다른 전치사 epi/ to는 사람이 들어갈 수 없는 곳에 사용된다. "그러므로 예물을 제단에(to the altar) 드리려다가."(마 5:23) 이에 대한 매우 결정적인 증거가 있는데, 이 경우를 보면 어떤 사람들이 도시의 성문 앞으로(to the gates of the city) 예물을 가지고 와서 바나바와 사울에게 제사를 지내고자 했다. "시외 제우스 신당의 제사장이 소와 화환들을 가지고 대문 앞에(unto the gates) 와서 무리와 함께 제사하고자 하니."(행 14:13) 하지만 바울과 바나바는 그들이 하려는 일을 중단시켰다.

3. 이러한 진술은 요한계시록 21장의 마지막 구절을 제대로 살피지 않은 결과다. "오직 어린 양의 생명책에 기록된 자들만 들어가리라."(27절) 또 22장 14절을 보라. "자기 옷(their robes)을 깨끗이 씻는 자들은 복이 있으니 이는 그들이 생명나무에 나아가며 문들을 통하여 성에 들어갈(into) 권세를 받으려 함이로다."(계 22:14, KJV 직역) 전자의 구절은 거룩한 도시에 들어가지 못하는 사람들을 정의하고 있다면, 후자의 구절은 거룩한 도시에 들어갈 수 있는 사람을 정의하고 있다.

4. 이런 일의 근거가 된 모세의 법에 따르면, 순례자들은 하나님이 선택하신 도시로 들어가서 그곳에서 먹을 수 있었다. "너희의 번제와 너희의 제물과 너희의 십일조와 너희 손의 거제와 너희의 서원제와 낙헌 예물과 너희 소와 양의 처음 난 것들을 너희는 그리로 가져다가 드리고 … 거기 곧 너희의 하나님 여호와 앞에서 먹고."(신 12:5-7,11,14, 16:6,7, 17:8).

5. 문이 항상 열려 있을 것이다. 어째서 그런가? 당연한 말이지만, 그들을 환영하고 또 그들이 가져온 선물을 받기 위해서다. 절기를 기념하지 않는 시기엔 문이 닫혀 있을 것이다.

"낮에 성문들을 도무지 닫지 아니하리니 거기에는 밤이 없음이라 (for there shall be no night there)."(계 21:25)

이 말씀은 매우 간단하다. 하지만 일반적으로 사람들은 이 구절을 잘못 이해하고 있다. 왜냐하면 "낮에(by day)"라는 단어를 읽은 후에 우리가 갖는 감정에 따라서, 이 두 단어는 서로 상반되는 두 가지 의미로 해석될 수 있기 때문이다.

일반적인 해석을 살펴보자. 우리는 이 구절을 이렇게 말할 수 있다. '이 거룩한 도시의 문은 낮 동안 닫혀 있지 않다. 문은 결코 닫히는 일이 없을 것이다. 왜냐하면 거기엔 밤이 없기 때문이다.'

그런데 이러한 진술에는 아주 중요한 구절이 생략되어 있다. 즉 "거기에는 밤이 없음이라"는 구절이다. 이 구절은 다른 곳에는 밤이 있지만 그 거룩한 도시에만 밤이 없다는 뜻이다. 만일 당신이 "거기에는(there)"이란 단어를 "어디에도(nowhere)"라는 뜻이라고 이해하고 있다면, 당신은 하나님의 거룩한 도시를 새 땅과 혼동하고 있는 것이 된다.

사도 요한은 이제 새 땅의 영광이 아니라 새 땅의 중심에 있는 거룩한 도시의 영광을 우리에게 보여주고자 애를 쓰고 있다. 새 땅에 사는 거주민들의 특권은 3절과 4절에 소개되어 있다.

그런 다음 천사는 요한에게 "거룩한 도시 예루살렘"을 보여준다(10절). 그는 그 거룩한 도시를 측량했다. 그리고 성곽의 높이(14,15절), 도시의 길이와 너비(16절), 건축 자재(18절), 도시의 길(21절), 도시의 조명(23절), 열두 기초석을 구성하는 보석들(19절) 등을 설명했다. 24절과 26절에서 들어간다는 표현은 오로지 이 거룩한 도시에 입장하는 것에 대한 것이다. 왜냐하면 이 모든 사람들은 이미 새 땅에 들어간 사람들이기 때문이다.

새 땅에 밤이 있다는 사실은 "낮과 밤"이 "세세토록" 있을 것이라고 말씀하고 있는 몇 개의 구절을 통해서 확증할 수 있다(계 14:11, 20:10). 만국백성들은 육체를 입고 있기 때문에, 육체를 입고 있는 사람들은 잠을 자야 육체의 회복을 할 수 있다. 그러므로 그들에겐 밤이 필요하다. 반면 천상의 시민들은 영원한 낮의 환경에서만 살아가게 될 것이다. 앞서 언급한 것처럼, 새로운 세상에도 해와 달이 있다. 그러므로 밤이 있다. 이것만으로도 만국백성들이 순례여행을 하는 동안 거룩한 도시의 빛을 의존해서 여행하는 것에 대한 충분한 설명이 될 것이다.

이사야 60장을 보면, 이 땅의 예루살렘에서 일어나는 일을 알려주는 구절을 볼 수 있는데, 이로써 우리는 확실한 결론을 내릴 수 있다. "네 성문이 항상 열려 주야로 닫히지 아니하리니 이는 사람들이 네게로 이방 나라들의 재물을 가져오며 그들의 왕들을 포로로 이끌어 옴이라."(사 60:11) 이 구절은 성문이 결코 닫히지 않을 것을 말하고 있으며, 두 번이나 이 사실을 확증하고 있다. "항상 열려 있을 것이며" 또한 "낮과 밤에 닫혀 있지 아니하리라"는 사실이 명시되어 있다. 이러한 말씀이 요한계시록에서 생략되었는데, 그 이유는 환경의 차이 때문이다. 즉 지상의 예루살렘의 문은 낮에는 닫히지 않지만 밤에는 닫혀 있을 것이기 때문이다.

동방의 요새화된 도시들을 보면, 일반적으로 성문은 밤에 닫혀 있다(수 2:5). 여기 예루살렘도 마찬가지다. 여행자는 일몰 전에 도시에 들어가거나, 아니면 일출 전까지 밖에 머물러야 한다.

이 문제는 우리가 '누구의 관점에서 이 구절을 이해해야 하는가?'라는 질문을 통해서, 선명하게 해결될 수 있다. 즉 천상의 시민들의 관점에서 본다면 이런 대답을 얻을 것이고, 만국백성의 입장에서 본다면 그 반대의 대답을 얻게 될 것이다. "거기에는"이란 단어에 "밤이 없음이라"는 단어를 더하면 결론을 내릴 수 있다.

"거룩한 도시의 문들은 낮에 닫혀 있지 아니할 것이다. [하지만 밤에는 닫혀 있을 것이다. 낮에 닫혀 있지 않다고 말할 때, 이 말은 만국백성들에 대해서 하는 말이지, 거룩한 도시에 대해서 하는 말이 아니다.] 왜냐하면 거기엔 밤이 없기 때문이다."

우리 앞에 있는 주제는 만국백성들이 거룩한 예루살렘으로 순례하는 것과 땅의 왕들이 하나님의 영광이 나타나는 하나님의 도시를 방문하는 것에 관한 것이다. 왜냐하면 새 예루살렘의 중심에는 하나님의 성전이 있고, 땅의 왕들과 만국백성들이 그곳으로 선물을 가지고 올라올 것이기 때문이다. 여기서 문제는 만국백성들이 이 거룩한 도시에 입장하는 것에 관한 것이다. 도시로 들어가는 것, 그것이 그들의 순례여정에서 최종적인 목적이다. 그렇다면 "낮"과 "밤"은 만국백성들에게만 해당되는 문제다. 거룩한 도시의 문은 해가 지평선 위에 머물러 있는 한 열려 있을 것이지만, 해가 지면 문은 닫힐 것이다. 해가 지고 나서 도착한 만국백성들은 해가 뜰 때까지 도시 밖에 머물러 있어야만 한다.

아마도 그 때 밤 시간 동안, 거룩한 도시의 시민들은 대책 회의 모임을 가질지도 모른다. 이는 그들에겐 휴식이 필요 없기 때문이다. 거룩한 도시의 시민들은 밤 시간 동안 자유로운 시간을 가지면서 다음날 낮 시간 동안에 거룩한 도시로 입장하는 사람들을 위한 대책을 마련하는 시간을 가질 것이다. 이 문제는 만국백성들의 지위 때문에 생기는 것이란 사실이 다음 구절에 잘 나타나 있다.

"사람들이 만국의 영광과 존귀를 가지고 그리로 들어가겠고."(계 21:26)

이상의 내용에 따르면 새 땅에는 두 개의 지역이 있고 또 두 부류의 사람들이 서로 다른 환경 아래 놓여 있으며, 이 때문에 해와 달과 같은 빛과 이로 인한 문제들이 파생되고 있다는 사실을 알

수 있다. 거룩한 도시의 시민들은 하늘에 터전을 두고 있고, 만국 백성들과 땅의 왕들은 땅에 터전을 두고 있다. 이것이 근본적인 차이점이다. 이 사실을 놓치면, 요한계시록 21,22장을 해석하는 데, 혼란이 뒤따를 수밖에 없다. "사람들이 만국의 영광과 존귀를 가지고 그리로 들어가겠고"(26절)라는 구절은 앞에 있는 "땅의 왕들이 자기 영광을 가지고 그리로 들어가리라"(24절)는 구절의 의미와 같다. 만국백성들은 각자 자신의 나라에서 생산된 가장 희귀하고 귀중한 물품을 가지고 올 것이다. 요한계시록 18장에서 선장과 상인들이 바벨론으로 가져간 상품의 목록을 살펴보면, 우리는 이 구절이 무슨 의미인지를 충분히 짐작할 수 있다(계 18:11-14). 한편 이 구절은 특이한 점이 있다. 땅의 왕들에 대해서는 자연스럽고 직접적으로, "땅의 왕들은 자기 영광을 가지고 그리로 들어가리라"고 말하고 있다. 그런데 만국백성들에 대해서는 어째서 '만국이 그리로 들어가리라' 는 식으로 말하고 있지 않은 것인가?

이 간결한 문장 속에 있는 모든 단어는 각각 힘이 있다. 거룩한 도시에 들어가는 것 자체가 하나의 특권이며, 그 조건을 정하신 것은 하나님이시다. 만국백성들은 자신의 공로 덕분에 입장할 수 있는 권리가 주어진 것이 아니다. 이 구절에서 우리는 만국백성들이 다른 사람을 의지해서 도시로 들어가는 모습을 볼 수 있어야 한다. 요한계시록을 쓴 사도 요한은 요한복음서에서 이 점을 분명하게 설명하고자 성령의 감동으로 다음과 같은 구절을 우리에게 제시하고 있다.

우리 주님이 포로로 잡혀 대제사장의 집 뜰로 끌려갔을 때, 우리는 "시몬 베드로와 또 다른 제자 한 사람이 예수를 따르니 이 제자는 대제사장과 아는 사람이라 예수와 함께 대제사장의 집 뜰에 들어가고 베드로는 문 밖에 서 있는지라 대제사장을 아는 그 다른 제자가 나가서 문 지키는 여자에게 말하여 베드로를 데리고 들어오니 문 지키는 여종이 베드로에게 말하되 너도 이 사람의 제자 중 하나가 아니냐 하니 그가 말하되 나는 아니라 하고."* (요 18:15-17). 여기서 우리는 요한이 대제사장과 아는 사이였기 때문에, 대제사장의 집에 들어갈 수 있었던 것을 볼 수 있다. 하지만 베드로는 그렇지 않았기 때문에, 문밖에 서있을 수밖에 없었다. 여기엔 출입을 통제하는 일을 맡은 문지기가 있었다. 요한은 문지기에게 베드로가 들어갈 수 있도록 허락을 요청했고, 문지기는 요한의 친구였기 때문에 베드로의 출입을 허락했다.

* 이 구절은 또 다른 요점을 보여준다. 베드로는 들어가자마자 거짓말을 한다. 그러나 거짓말하는 자는 하늘의 도시 밖에 거하고, 그 안으로 들어갈 수 없다(계 22:15). 지금은 하나님의 자비가 베풀어지는 시기이며, 거짓말을 포함해서 어떠한 죄라도 영원한 죄 용서를 받을 수 있다.

이 천상의 도시는 우리의 대제사장이신 그리스도의 집이며 또한 궁전이다. 죽은 자들 가운데서 부활한 자들은 그리스도와 아는 사이이며, 그곳에서 그리스도와 함께 영원히 거하는 사람들이다. 만국백성들은 우리 덕분에 거룩한 도시에 들어갈 수 있는 허락을 받게 될 것이다. 그렇기 때문에, 26절의 주어가 불명확한 형태를 취하고 있다. "사람들이 만국의 영광과 존귀를 가지고 그리로 들어가겠고(They shall bring the glory of the nations into it)." 이 구절엔 거룩한 도시에 들어가도록 허용된 사람들과 또 이 사람들이 들어갈 수 있도록 중재하는 사람이 암시되어 있다.

이 시점에서 우리는 이전 구절에 담긴 힘과 의미를 볼 수 있다. "크고 높은 성곽이 있고 열두 문이 있는데 문에 열두 천사가 있고."(12절) 이 구절을 보면, 분명 하나님의 거룩한 도시를 지키는 문지기가 있다. 천사들이 하나님의 도시의 문을 지키는 문지기다(시 84:10).

우리는 이와 유사한 경우를 설명하고 있는 또 다른 성경구절을 볼 수 있다. "수 놓은 옷을 입은 그는 왕께로 인도함을 받으며 시종하는 친구 처녀들도 왕께로 이끌려 갈 것이라 그들은 기쁨과 즐거움으로 인도함을 받고 왕궁에 들어가리로다."(시 45:14,15, 사 60:11).

> "무엇이든지 속된 것이나 가증한 일 또는 거짓말하는 자는 결코 그리로 들어가지 못하되 오직 어린 양의 생명책에 기록된 자들만 들어가리라."(계 21:27)

만국백성들은 어떻게 이 거룩한 도시의 문에 도착하는 것인가? 1,500마일(2,400킬로미터)을 올라가야 한다! 어떻게 그처럼 엄청난 수고를 감당할 수 있을까? 여기서 설명하고 있는 대로 이 거룩한 도시를 그려보니, 계단식으로 쌓아올린 열두 개의 기초석을 통과하여 각 문으로 이어지는 12개의 길 혹은 계단이 있을 것이라고 생각했다. 하지만 지금은 좀 다른 생각이 든다. 이런 식으로 이 도시에 들어가는 방식을 언급하는 것이 전혀 없기 때문이다. 오히려 요한은 천사에 의해서, 기초석들을 오르지 않고도 산 정상에 설 수 있었다. 그리고 우리 주님이 감람산에서 하늘로 올라가셨고 또 요한계시록 11장을 보면 두 증인이 하늘로 승천한 것처럼, 죽은 자들 가운데서 부활한 시민들은 초자연적인 권능에 의해서 도시의 문으로 승천하듯 올라갈 수 있을 것으로 이해하는 것은 어려울 것이 없다.

도시의 문 앞에 도달하는 문제는 만국백성들이 겪는 문제다. 스바 여왕이 솔로몬 왕의 영광을 보고서 감탄을 했을 때 최고의 정점은 "여호와의 성전에 올라가는 층계를 보고 크게 감동되었을 때"(왕상 10:5)였다. 여호와께서는 이스라엘을 향해 "내가 애굽 사람에게 어떻게 행하였음과 내가 어떻게 독수리 날개로 너희를 업어 내게로 인도하였음을 너희가 보았느니라"(출 19:4)고 말씀하셨다.

우리는 거룩한 도시를 방문하는 사람들이, 주의 영이 빌립을 이끌어간 것처럼 이끌려 올라가고(행 8:39, 40), 또는 살아있는 성도와 죽은 성도들을 구름 속으로 끌어 올려 주를 영접하게 하시듯(살전 4:17, 계 12:5, 고후 12:2, 4) 끌어올려 지게 될 것이라고 추측해볼 수 있다.

27절에는 미래 시제가 사용되었는데, 미래 시제가 사용된 것은 이 일이 아직 일어나지 않았지만 장차 일어나게 될 것을 의미한다. 이 일은 부활이 있기 전에는 일어나지 않을 것이다. "무엇이든지 속된 것(any thing that defileth)은 … 결코 그리로 들어가지 못하리라." 이는 만국백성들과 왕들이 가지고 온 선물들을 조사하는 일이 있을 것을 예견하게 해준다. 그들은 자신들이 준비할 수 있는 최대한으로, 가장 값지고 또한 최고의 물건을 선물로 준비해서 가져오게 될 것이다. 이 말은 거룩한 도시에 속된 물품을 들여오는 일에 대한 책임을 다른 쪽으로 돌리게 된다. 그렇기 때문에 문을 지키는 천사는 속된 것이나 가치 없는 것을 가지고 거룩한 도시에 들어오는 것을 허용하지 않을 것이다. 성경 필사자들은 이 구절의 의미를 제대로 파악하지 못한 듯 보인다. 그래서 우리는 이 구절을 "속되지 않은 것(Nothing that defileth)"으로 읽는다. 하지만 많은 사본들은 26절 끝에 추가적인 구절을 가지고 있다. "그들이 만국의 영광과 존귀를 그곳으로 가지고 들어가리니(into it), 이로써 그들이 들어감을 얻으리라." 이것이 바른 설명이지만, 본문에 이 부분을 넣게 되면 'into'의 의미를 흐트러뜨리기 때문에 난외주에 주석을 달았을 것이다.

이 견해에 일치하는 말씀이 있는데, 곧 우리는 여호와께서 배은망덕한 이스라엘이 흠 있는 제물을 바치는 것에 대해서 책망하시는 것을 볼 수 있다. "너희가 더러운 떡을 나의 제단에 드리고도 말하기를 우리가 어떻게 주를 더럽게 하였나이까 하는도다 … 만군의 여호와가 이르노라 너희가 눈 먼 희생제물을 바치는 것이 어찌 악하지 아니하며 저는 것, 병든 것을 드리는 것이 어찌 악하지 아니하냐 이제 그것을 너희 총독에게 드려 보라 그가 너를 기뻐하겠으며 너를 받아 주겠느냐?" (말 1:7-8) 뿐만 아니라 성경은 보통 떡(common bread)과 거룩한 떡(hallowed bread)을 구분하고 있다. "제사장이 다윗에게 대답하여 이르되 보통 떡은 내 수중에 없으나 거룩한 떡은 있나니."(삼상 21:4)

지금까지 우리는 순례의 길에 오른 만국백성들이 거룩한 도시의 문까지 오게 된 것을 살펴보았다. 그리고 점검하는 일이 있을 것이다. 그들이 가져온 선물은 검사대를 통과해야만 한다. 승인을 받으면 그들은 도시의 문으로 들어갈 수 있다. 하지만 그리로 들어가는 사람들과 관련된 문제가 또 있다. 거룩한 도시로 들어가지 못하는 사람들의 리스트가 있다. 이렇게 들어갈 수 없는 사람들은 두 부류의 사람들이다. (1) 우상의 형상을 만드는 자, 즉 가증한 범죄를 저지른 자, (2) 거짓말하는 자는 진리의 하나님과 함께 거할 수 없다. 우리는 이러한 부류의 사람들 속에 거짓 기적의 형상을 만드는 자들을 포함시켜야 한다. 즉 우상의 형상에 윙크하거나, 눈물을 흘리거나, 땀을 흘리거나, 머리를 흔드는 효과를 내는 사람들이다.

거룩한 도시에 들어갈 수 있는 오직 한 부류의 사람들이 있다. 바로 어린 양의 생명책에 그 이름이 기록된 사람들이다. 어린 양의 생명책에 이름이 기록된 사람들은 거룩한 도시의 시민들과 새 땅에 거하는 만국백성들과 또 그들의 왕들이다. 어린 양의 생명책에 이름이 기록되었다는 것, 그것이 거룩한 도시에 입장할 수 있는 특권을 가진 두 부류의 사람들에게 공통적인 조건이다.

이 조건은 전적으로 은혜로 주어진 것이다. 모두가 하나님의 선택하시는 사랑에 의존되어 있다. 타락한 사람들에게 필요한 것은 새로운 본성과 새로운 의지다. 하나님의 선택을 받은 사람 외엔 새로운 본성과 새로운 의지를 가진 사람은 있을 수 없다.

이 두 가지는 오로지 거듭남을 통해서 하나님에게서 받을 수 있기 때문이다. 그 이름이 어린 양의 생명책에 기록된 일이 없는 사람은 값없이 용서하시는 은혜의 하나님께로부터 죄 용서를 받지 못한 죄인이기 때문에, 결국 불못(불의 호수)에 던져지게 된다. 반면 그 이름이 어린 양의 생명책에 기록된 사람은 거룩한 도시 안으로 들어갈 수 있다. 이 거룩한 도시는 어린 양의 도시다. 우리 구주 예수 그리스도의 희생과 대제사장 직분 덕분에 세워진 도시다.

   마지막 심판의 자리에서 펼쳐진 생명책은 구원받은 사람과 잃어버린 사람을 영원히 나누게 될 것이다. 이렇게 나누는 일은 영생을 얻을 자격이 없다는 심판을 받은 죽은 자들에게만 아니라, 새 땅에서 하나님의 백성을 이루며 살아가게 될 살아 있는 만국 백성들에게도 긍정적인 영향을 미치게 될 것이다.

제 8장 하나님의 낙원 - 강과 나무

"또 그가 수정 같이 맑은 생명수의 강을 내게 보이니 하나님과 및 어린 양의 보좌로부터 나와서 길 가운데로 흐르더라 강 좌우에 생명나무가 있어 열두 가지 열매를 맺되 달마다 그 열매를 맺고 그 나무 잎사귀들은 만국을 치료하기 위하여 있더라."(계 22:1, 2)

지금까지 천사는 요한에게 예루살렘 도시 밖의 광경과 예루살렘 도시의 문과 벽과 기초를 보여주었다. 도시 밖에는 만국백성들이 살아가게 될 것을 보여주었다. 우리는 만국백성들이 지극히 높으신 하나님께서 베푸신 은혜에 대한 보답으로 하나님과 하나님을 섬기는 자들에게 바칠 선물을 가지고서 그들의 나라와 거처를 떠나 하나님의 성전과 예루살렘을 방문하는 모습을 볼 수 있다(계 21:24-26). 우리는 그들이 성문 앞에 와서, 성 안으로 들어가기 전에 과연 성 안으로 들어갈 자격이 있는지 심사를 받는 모습을 상상해볼 수 있다.

이제 예루살렘 도시 내부로 들어가게 되면, 문에서 정상에 이르기까지 603킬로미터의 거리가 펼쳐져 있다. 열두 개의 성문은 이 도시의 중심에 있는 거대한 광장(GREAT SQUARE)과 연결되어 있다. 이 광장이 이 도시의 중심이자 가장 높은 곳이다. 여기에 물질적인 측면이건 영적인 측면이건 간에, 이 도시의 주요한 영광이 있다. 이 도시를 형성하고 있는 재료는 이 도시의 다른 곳과 동일하다. (1) 이 도시는 정금으로 되어 있으며, 맑은 유리 같다(계 21:18). (2) 이 도시의 광장은 맑은 유리 같은 정금이다(계 21:21). 이렇게 이중적으로 언급하는 것은 이 부분이 다른 부분과 차이가 있음을 말해주며, 이 도시의 나머지 부분과 비교했을 때 광장의 중요성을 강조하려는 것이다. 더욱이 이러한 암시가 없었다면 우리는 이 도시의 길의 표면을 지구의 표면과 같은 지면이나 토양으로 생각했을 것이다.

이 광장은 만국백성들의 순례의 최종 목적지인 것으로 보인다.

"또 그가 수정 같이 맑은 생명수의 강을 내게 보이니."(계 22:1)

중간에 이 구절을 넣은 것은 우리가 장차 거하게 될 천상의 도시의 새로운 특징을 우리에게 설명하기 위한 것으로 보인다. 요한계시록에는 세 번 "내가 네게 보이리라"는 문구가 있다. 첫 번째는 우리에게 예언적인 부분을 열어주는 역할을 하고 있다(계 4:1). 두 번째는 하나님의 도시의 모조품인 인간의 도시, 곧 큰 음녀가 심판을 받게 될 것을 우리에게 알려주고 있다(계 17:1). 세 번째는 어린 양의 신부 또는 하나님의 도시에 대한 설명을 하기 위한 것이다(계 21:9-10).

이 시점까지 천사는 도시의 여러 부분들을 보여주었다. 하지만 우리가 장차 거할 곳은 하나의 도시일 뿐만 아니라 동산이다. 첫 사람 아담에 의해서 잃어버리게 된 에덴동산은 둘째 아담에 의해서 회복될 것인데, 처음 것 이상으로 회복될 것이다. 사회적인 존재로서 인간은 도시를 사랑한다. 뿐만 아니라 인간은 자신의 조국도 사랑한다! 얼마나 많은 사람들이 자신이 나고 자란 마을의 푸른 잎과 꽃, 들판을 보고 싶어 하는가. 우리의 영원한 거주지에는 두 가지가 모두 포함될 것이다. 이 거대한 광장은, 내가 실수하는 것이 아니라면, 만국백성들과 도시 시민들의 만남의 장소가 틀림이 없다. 안내원이 그들을 이 장소로 안내할 것이며, 그들은 여기에서 주님 앞에서 먹고 또 교제를 나누게 될 것이다.

이 광장의 크기는 어느 정도일까? 우리는 요한계시록에서 그에 대한 설명을 볼 수는 없다. 하지만 예루살렘 도시의 거대한 크기에 비례해서 추측해본다면, 광장의 한쪽 거리는 200(322킬로미터)에서 400마일(644킬로미터)의 사각형이 될 것이다! 열두 개의 성문이 있고, 그 문으로 만국백성들이 예배를 드리고자 들어오는 모습을 상상해보라. 의심의 여지없이 각 나라는 거주지 바로 맞은편에 있는 문으로 들어오게 될 것이다. 그렇다면 광장에는 한 번에 열두 나라가 한 자리에 모일 수 있을 만큼의 넓은 공간이 있어야 한다.

이곳이 낙원인 만큼, 주요 특징은 강과 나무에 있다. 이 둘은 모두 문자적으로 보아야 한다. 문자적으로 본다고 해서 무슨 문제될 것이 전혀 없다. 이러한 것들은 마귀의 계략 때문에 잠시 방해를 받긴 했지만, 하나님의 원래 계획의 최종적인 성취다. 하나님께서 처음에 준비하셨던 동산의 주요한 요소는 강과 나무였다. "여호와 하나님이 동방의 에덴에 동산을 창설하시고 그 지으신 사람을 거기 두시니라 여호와 하나님이 그 땅에서 보기에 아름답고 먹기에 좋은 나무가 나게 하시니 … 강이 에덴에서 흘러 나와 동산을 적시고 거기서부터 갈라져 네 근원이 되었으니." (창 2:8-10)

일곱 번째 나팔을 불게 되면, 하나님의 비밀이 끝나게 될 것이다(계 10:7). 일곱 번째 나팔은 옛 세상의 종말을 성취하게 될 것이다. 그런즉 강과 나무는, 성경이 말하듯, 상징적이거나 비밀에 속한 것이 아니라 문자적이다.

나무들은 옛 에덴동산에서 가장 먼저 소개되었다. 여기서는 강을 먼저 볼 수 있다.

물은 생명유지에 있어서 필수적인 요소들 가운데 하나이며, 특히 지구의 뜨거운 지역에 사는 사람들에게 더욱 그러하다. 그래서 성경은 여러 곳에서 하나님께서 친히 백성들에게 이 물을 공급하시는 것을 언급하고 있다.

1. 거룩한 땅에 살았던 족장들은 종종 강에서 멀리 떨어진 지역에서 살았기 때문에, 자신의 가족과 양 떼에게 물을 공급하기 위해서 많은 노동력과 비용을 들여서 우물을 파야 했다. 그렇지만 그들은 때때로 그 땅에 사는 사람들에 의해서 자행된 불의와 증오로 인해서 우물을 빼앗기곤 했다.

2. 하나님께서 그들에게 주시는 지상 유업의 땅으로 이스라엘 민족을 인도하는 일을 했던 모세는 물의 땅, 즉 하나님이 친히 물을 내려주시는 땅을 그들에게 약속했다. 그들은 이집트에 있을 때, 관개시설을 건설하는데 얼마나 많은 노동력을 투입해야 하는지를 친히 목격했을 것이다. 이제 하나님께서 그들에게 약속으로 주시는 말씀을 보라.

"네 하나님 여호와를 섬기라 그리하면 여호와가 너희의 양식과 물에 복을 내리고."(출 23:25)
"네 하나님 여호와께서 너를 아름다운 땅에 이르게 하시나니 그곳은 골짜기든지 산지든지 시내와 분천과 샘이 흐르고."(신 8:7)
"너희가 건너가서 차지할 땅은 산과 골짜기가 있어서 하늘에서 내리는 비를 흡수하는 땅이요."(신 11:11)

3. 하나님께서 열왕들의 시대에 자신이 거처할 곳으로 선택하신 도시인 예루살렘에는 강이 없었다. 기드론 강은 그저 겨울철 급류일 뿐이었다. 이스라엘의 가장 훌륭한 몇몇 왕들은 수도관을 설치해서 수도인 예루살렘에 물을 공급했다. 히스기야 왕은 "저수지와 수도를 만들어 물을 성 안으로 끌어들였다."(왕하 20:20) 그러나 이러한 관개시설은 평화의 시기엔 이점이 되었으나, 전쟁의 시기엔 적들이 성 안으로 침투할 수 있는 무방비 장소가 되곤 했다. 그래서 히스기야 왕과 백성들은 땅 한가운데로 흐르는 분수와 개울을 막아야 했으며, 이로써 "모든 물 근원과 땅으로 흘러가는 시내를 막아서"(대하 32:4) 침략자들이 물을 얻지

못하도록 해야만 했다.

4. 요한복음에서 주님이 약속하신 것은 영적인 물이었다. 그리고 사도 요한은 특히 이 물에 대한 증인이었다(요 4:10, 7:38).

5. "주의 크고 두려운 날"이 시작되면, 이 땅의 물, 즉 강들과 물샘이 오염될 것이고 또한 쓴 물이 될 것이다. 세 번째 나팔을 불게 되면, 물은 쓰게 될 것이며 또한 "죽음의 물"이 될 것이다(계 8:10). "그 물이 쓴 물이 되므로 많은 사람이 죽더라."(계 8:11) 그리고 나서 세 번째 대접 심판에 의해서, 물이 피로 변하게 될 것이지만 물이 없으므로 사람들이 피를 마시게 될 것이다. 그때 하나님은 그들이 성도들과 선지자들의 피를 흘렸기 때문에, 그에 합당한 대가를 치르도록 사람들을 다루실 것이다(계 16:5, 6).

6. 율법은 우물이나 웅덩이의 고인 물과 대조적인 의미로서 "생수(living water)"로만 인식되어 왔다. 즉 생수란 여러 물 가운데 최고상태의 물을 의미했다. "제사장은 또 명령하여 그 새 하나는 흐르는 물(living water)* 위 질그릇 안에서 잡게 하고 다른 새는 산 채로 가져다가 백향목과 홍색 실과 우슬초와 함께 가져다가 흐르는 물(living water) 위에서 잡은 새의 피를 찍어."(레 14:5, 6).

* KJV 번역자들은 "흐르는 물(running water)"로 번역했지만, 이 단어를 새에게 적용할 때에는 "생수(living water)"로 번역했다. 하지만 히브리어는 동일한 단어가 사용되었다.

홍수 후에 지극히 높으신 하나님께서는 사람이 땅의 모든 동물을 먹는 것을 허락하셨다. 그리고 나서 새로운 세상의 머리였던 노아가 포도나무를 심고, 포도주를 마시고 취하는 사건이 일어났다. 이후로 이러한 포도주의 남용으로 인해서 많은 악한 일들이 일어나게 되었는데, "처음 창조 때엔 그렇지 않았다." 우리는 영원한 세계에서, 포도주를 언급하는 것을 볼 수 없다. 지극히 높으신 하나님께서는 최종적으로 인간이 먹을 수 있는 음식을 물과 과일로 환원하실 것이지만, 천년왕국 시대엔 여전히 고기와 포도주를 모두 먹을 수 있음을 볼 수 있다.

오늘날 우리 시대엔 그리스도인들이 포도주를 마시는 것을 강력하게 반대하는 흐름이 있긴 하지만, 최후의 만찬에서 우리 구주 예수님께서는 포도주와 포도주로 된 식초와 포도를 먹지 말라(민 6:3)는 나실인의 서원을 자신에게만 적용하여 말씀하셨고, 제자들에겐 포도주를 마실 것을 허락하셨는데, 이것은 새로운 의미를 부여하는 것이란 점을 주목해야 한다. "너희가 다 이것을 마시라 이것은 죄 사함을 얻게 하려고 많은 사람을 위하여 흘리는 바 나의 피 곧 언약의 피니라."(마 26:27-28)

우리 주님이 포도와 포도나무에서 난 모든 것을 금지하신 것은 영원히 금지하는 것이 아니었다. 나실인의 서원은 한시적인 것이므로, 주님은 포도주를 다시 마시게 될 것이다. 주님이 장차 부활한 사도들과 함께 포도주를 마시는 시기는 천년왕국 시대다. "그러나 너희에게 이르노니 내가 포도나무에서 난 것*을 이제부터 내 아버지의 나라에서 새 것으로 너희와 함께 마시는 날까지 마시지 아니하리라 하시니라."(마 26:29, 막 14:23-25) "내가 너희에게 이르노니 내가 이제부터 하나님의 나라가 임할 때까지 포도나무에서 난 것을 다시 마시지 아니하리라."(눅 22:18) 포도나무에서 '난 것(product)'이란 단어는 특이한 단어다. 이 단어는 세 개의 복음서에서 언급되었다. 우리 주님은 모세가 나실인에게 명령한 것, 즉 "포도주와 독주를 멀리하며 포도주로 된 초나 독주로 된 초를 마시지 말며 포도즙도 마시지 말며 생포도나 건포도도 먹지 말지니 자기 몸을 구별하는 모든 날 동안에는 포도나무 소산은 씨나 껍질이라도 먹지 말라"(민 6:3, 4)는 말씀을 자신에게 적용하고 계시는 것이 분명하다.

* 이 단어는 과일(fruit)이란 단어가 사용되지 않았다.

포도주를 입에도 대지도 않고 극단적인 금주주의자로 자처하는 신자는 마지막 만찬자리에서 제자들에게 포도주를 마시라고 말씀하셨고 또한 첫째 부활의 때 곧 기쁨의 그 시간에 새로운 포도주를 제자들과 함께 마실 것을 약속하신 구주 예수님과 전혀 공감대를 형성하지 못하고 있을 수 있다. 포도주를 전혀 마시지 않겠노라고 마음에 확정한 사람은 대개 여기서 말하는 장차 포도주를 마시는 시간을 슬픔과 시련의 시간으로만 여기고 있기 때문일 것이다. 어쩌면 그는 마지막 만찬자리에서 주님과 더불어 제자들이 마셨던 포도주가 새 언약의 피를 상징하고 있으며, 신자에게 임하는 구원을 의미한다는 사실을 전혀 인지하지 못하는 상태에 있을 수도 있다.

구약성경에서 주님은 포도주를 사람의 마음을 기쁘게 해주는 것으로 말씀하고 있는데, 사실 그것은 무알코올 포도 주스는 아니었다(시 104:15, 삿 9:13, 잠 31:6, 전 10:19, 슥 9:17, 삼하 13:28, 에 1:10). 제사장들이 성전에서 섬기는 일을 하면서 포도주를 사용하는 것은 금지되었다(레 10:9, 겔 44:21). 이는 술에 취한 상태로 하나님을 섬길 수 없다는 사실을 나타낸다. 그러므로 포도주를 좋은 의미로 사용하는 것과 포도주를 취할 정도로 마시는 일을 경계하는 것 등은 모두 성경적인 개념이다.

하나님께서 나실인에게 포도주를 금지하셨을 때, 하나님은 포도주가 사람을 취하게 만들 수 있고, 그래서 포도주는 악한 것이기 때문에, 포도주나 독주만을 금지하신 것이 아니었다. 하나님은 포도나무에서 나는 모든 것, 즉 포도와 건포도 뿐만 아니라 포도로 만들 수 있는 모든 것을 금지하셨다. 하지만 지금은 복음의 시대다. 하나님께서는 복음의 관용성 안에서 포도주와 관련하여 다음 구절들을 주셨다.

"술 취하지 말라 이는 방탕한 것이니."(엡 5:18)
"이제부터는 물만 마시지 말고 네 위장과 자주 나는 병을 위하여는 포도주를 조금씩 쓰라."(딤전 5:23)

이어서 교회를 다스리는 직분을 가진 사람들이 포도주를 어떻게 합당하게 사용할 수 있는지도 소개하고 있다.

"감독은 … 술을 즐기지 아니하며."(딤전 3:1-3, 딛 1:7)
"이와 같이 집사들도 … 술에 인박히지 아니하고."(딤전 3:8)
"늙은 남자로는 절제하며(술 취하지 아니하며) 경건하며 신중하며 … 늙은 여자로는 이와 같이 행실이 거룩하며 … 많은 술의 종이 되지 아니하며."(딛 2:2-3)

요컨대, 절제의 미덕 가운데 마시는 포도주는 선한 것이고, 과도하게 마시는 포도주는 악한 것이다. 포도는 하나님이 주신 것이기에, 포도 자체에 무슨 악이 있는 것이 아니다. 오히려 악이나 선은 사람에게 있다. 그렇다면 포도로 만든 술 자체에 무슨 선이나 해악이 있는 것이 아니라, 사람이 포도주를 선하게 사용하면 선한 것이고, 포도주를 남용하면 악한 것이다. 포도주의 선과 악은 사람에게 달린 것이다. 그리스도인들은 이 문제에 있어서, 성경적인 관점을 가져야 한다! 오늘날 세상 사람들의 관점은 비성경적일 뿐만 아니라 그리스도인의 신앙에도 해악을 끼칠 수 있기 때문이다.

본 주제로 돌아오자. 새 에덴동산의 강은 어떠한가? 옛 에덴동산의 강은 어떠했을까? 창세기 2장 10절을 보면, "강이 에덴에서 흘러 나와 동산을 적시고 거기서부터 갈라져 네 근원이 되었으니"라고 되어 있다. 요한계시록에는 그런 말씀이 없다. 강은 광장에서만 흐르고 있는가? 아니면 도시 밖으로 흘러나가는가? 아니면 새 예루살렘의 광대한 지하로 흡수되는 것인가? 팔레스타인의 요르단 강은 그 땅 밖으로 흘러나가지 않고 사해로 흡수되면서, 사해를 치유하는 일을 한다. 여기서 주목해야 할 것은 일만 이천 스다디온(furlongs)의 길이는 열두 기초석의 꼭대기까지의 높이만을 가리킨다는 점이다. 열두 가지 보석들로 꾸며진 열두 기초석들을 층층이 쌓아 올리고, 그 위에 세워진 새 성 예루살렘은 피라미드 형태를 이루고 있다. 피라미드를 그려보면 알 수 있듯이, 이 피라미드 구조를 이루고 있는 가장 밑에 있는 기초석의 길이는 일만 이천 스다디온의 두 배의 길이가 될 것이다.

여기서 생각해볼 것은 모세의 성막이 서있을 동안에는 물두멍이 하나밖에 없었지만, 솔로몬의 왕국 시대엔 열 개의 물두멍이 있었으며, 이 물두멍은 둘레 1.3미터, 깊이 0.3미터의 놋으로 만든 것으로 여기엔 바다(sea)를 부어 만들었다(왕상 7:23-24). 천년왕국 시대를 내다본 에스겔은 성전에서 거룩한 물이 흘러나오는 것을 보았다. 그 물은 계속해서 흘러나왔고, 점점 깊어졌으며, 마침내 사해까지 흘러나갔다. 이 성전의 물은 사해를 되살아나게 했고, 강물이 이르는 각처에 있는 모든 것을 살아나게 했다(겔 47장). 스가랴는 두 개의 개울을 예측했다. "그 날에 생수가 예루살렘에서 솟아나서 절반은 동해(사해)로, 절반은 서해(지중해)로 흐를 것이라 여름에도 겨울에도 그러하리라."(슥 14:8)

"또 그가 수정 같이 맑은 생명수의 강을 내게 보이니."(계 22:1)

수정 같이 맑다는 것은 물의 깨끗한 정도와 영광을 가리킨다. 예루살렘의 강과는 달리 로마의 강은 진흙탕이고, 노란색을 띠고 있고, 사납게 흐른다.

성막 앞에 있는 물두멍의 물은 고여 있을 뿐만 아니라, 마시는 용도가 아니었다. 제사장들이 자신을 정결하게 하고 또한 희생제물을 씻는데 사용했다(출 29:4, 30:20, 레 1:9).

부정한 것이 사라졌기 때문에 더 이상 물로 씻는 일도 필요 없게 되었고, 이제 물은 마시기 위한 용도로만 사용되고 있다. "목마른 자도 올 것이요 또 원하는 자는 값없이 생명수(the water of life)를 받으라 하시더라."(계 22:17) 이 "생명수"는 땅에 있는 "생수"보다 얼마나 넘쳐날 것인가!

"하나님과 및 어린 양의 보좌로부터 나와서 길 가운데로 흐르더라."(계 22:1-2)

1. 강의 원천은 항상 관심의 대상이다. 이것은 땅에서도 마찬가지다. 옛 낙원을 보면, 강이 에덴에서 흘러 나와 동산을 적셨다(창 2:10).

2. 출애굽기 17장 3-7절을 보면 이스라엘은 광야생활을 하는 동안 물이 없어서, 목말라했다. 그들은 마치 물이 없는 것에 대한 책임이 모세에게 있는 것처럼 생각했으며, 그를 돌로 쳐서 죽이려고 했다. 그들이 목이 말라 물을 찾을 때 주님이 물을 공급해 주신 일은 장차 오실 구주께서 하실 일을 예표하는 것이었다.

하나님과 반석은 동일시되었다. 이것은 마치 하나님의 아들과 인자가 하나였던 것과 같다. 구주께서는 모세의 막대기에 의해서 내려쳐지는 일을 당하셨다. 저주가 구주께 임했다(갈 3:13). 구주께서 내려침을 당하셨고, 죽으셨다. "내가 목자를 치리니."

(마 26:31, 막 14:27) 이것은 우리 주님에게 일어날 일을 예언한 것이었다. "예수께서 서서 외쳐 이르시되 누구든지 목마르거든 내게로 와서 마시라. … 이는 그를 믿는 자들이 받을 성령을 가리켜 말씀하신 것이라."(요 7:37,39) 성령님은 주 예수님의 죽으심과 이후 영광을 받으신 결과로서 오실 참이었다.

반석을 치는 일은 이스라엘 장로들 앞에서 일어났다. 따라서 우리 주님도 그들 앞에 끌려 가셨고, 그들에게서 정죄를 받으셨다. 그들은 주님을 빌라도 앞으로 끌고 갔으며, 주님을 십자가에 못 박아 죽이도록 정치력을 행사했다. 그들은 백성들을 선동해서 바라바는 살리고, 예수님은 십자가에 못 박도록 했다. 그리고 구주께서 십자가에 매달렸을 때, 성경은 그들이 한 일을 이렇게 기록하고 있다. "그와 같이 대제사장들도 서기관들과 장로들과 함께 희롱하여 이르되 그가 남은 구원하였으되 자기는 구원할 수 없도다 그가 이스라엘의 왕이로다 지금 십자가에서 내려올지어다 그리하면 우리가 믿겠노라."(마 27:41,42)

그들은 내려침을 받은 반석에서 나오는 물의 증인이 되어야 했다. 따라서 우리는 다리를 저는 사람이 성전에서 치유를 받자마자 장로들이 무슨 권세와 누구의 이름으로 이런 일을 행하였는지를 묻는 것을 볼 수 있다(행 4:7). 그들 앞에 두 번째 잡혀온 베드로는 그들이 예수님을 죽인 것과 하나님께서 주님을 우리 구원의 반석이 되도록 다시 살리신 일을 증언했다. "우리는 이 일에 증인이요 하나님이 자기에게 순종하는 사람들에게 (영감을 주시고 또 기적을 행하도록) 주신 성령도 그러하니라."(행 5:29-32)

3. 천년왕국 시대에는 거룩한 물이 여호와의 성전 제단에서 물이 흘러나와서 성전 오른쪽 제단 남쪽으로 흐르게 될 것이다(겔 47:1). 그렇다면 에스겔의 묘사와 요한계시록의 묘사 사이엔 차이가 있는 것이 분명하다. 에스겔이 예언하고 있는 시대엔, 여호와의 집과 제단이 있고 또 바다와 물고기가 있다. 하지만 새 예루살렘에는 이런 것이 없다.

　4. 여기 영원한 하나님의 세계를 묘사하고 있는 "하나님과 및 어린 양의 보좌"는 생명수의 영원한 원천이다. 하나님과 인간은 영원한 화목을 이루었고, 전능하신 하나님의 권능은 축복을 쏟아부어주는 일에만 사용되고 있다.

　요한계시록 4장에서 심판의 보좌가 세워지게 되고, 이로써 즉시 "보좌로부터 번개와 음성과 우렛소리가 나는"(계 4:5) 시간과 이 영원한 세계에서 축복을 쏟아 붓고자 "하나님과 및 어린 양의 보좌"가 세워진 것 사이의 대조적인 면을 보라.

　5. 죄는 천년왕국이 시작되기 전에 만연하게 될 것이며, 그 때 하나님께서는 강과 샘과 호수와 바다를 치실 것이다.

　그 후에 "하나님과 및 어린 양의 보좌(The throne of God and of the Lamb)"가 세워지게 될 것이다. 그러므로 "하나님과 및 어린 양의 보좌"는 하나님의 보좌의 마지막 모습이다. 즉 아버지와 아들의 공동 보좌가 세워지는 것이다.

　"하나님의 보좌"는 이 책의 위대한 주제들 가운데 하나다. 시대의 변화하는 국면에 따라 하나님의 보좌의 특징이 달라진다. 우리는 비밀의 경륜 시대에 살고 있기에, 현재 하나님의 보좌는

"은혜의 보좌"(히 4:16)다. 교회가 증인의 자리를 떠나 하늘로 옮겨지는 순간, 새로운 보좌, 즉 "심판의 보좌"(계 4:1)가 세워지게 될 것이다. 그 후에 구주께서는 심판의 보좌를 집행하는 모든 권세를 받은 재판장으로 나타나실 것이다. 수를 셀 수 없을 정도로 큰 무리가 구주 앞과 보좌에 앉아 계신 아버지 앞에 서게 될 것이다(계 7:9). 그리고 나서 주님은 자기 옆에 심판하는 권세를 받은 동류들과 함께 땅 위에서 자신의 보좌에 앉아서 통치하는 일을 하실 것이다(계 20:4-6). 천년왕국이 끝나고 나면, "크고 흰 보좌"가 세워지게 될 것이고, 거기엔 죽은 자와 땅에서 살아있는 만국 백성들이 자기 행위를 따라서 심판을 받게 될 것이다. 그 보좌로부터 구원받은 자들의 영원한 행복과 멸망을 당하게 되는 자들의 영원한 운명을 확정하는 선고가 내려지게 될 것이다.

우리는 새 성 예루살렘에 하나님과 및 어린 양의 공동 보좌가 있는 것을 볼 수 있다. 이십사 장로들의 보좌(계 4장)와 그리스도의 천년통치를 위한 수를 셀 수 없이 많았던 공동 보좌도 사라졌다. 최종적으로 보좌가 장막에 있는 "언약궤"를 대신하고 있다. 이것은 하나님께서 맺으셨던 모든 언약을 성취하는 것이었다. 그리스도께서는 지금 교회에서 자신의 거룩한 백성들과 보이지 않게 함께 하고 계신다. 하지만 머지않아 그리스도의 사람들은 하나님 앞에 서게 될 것이고, 그리스도께서는 눈에 보이게 나타나실 것이다.

생명나무

"광장* 가운데로 흐르더라 강 좌우에 생명나무가 있어 열두 가지 열매를 맺되 달마다 그 열매를 맺고 그 나무 잎사귀들은 만국을 치료하기 위하여 있더라."(계 22:2)

* 역자주: KJV는 이 구절을 "길 가운데로 흐르더라(In the midst of the street of it)"로 번역하고 있지만, 저자는 길(street)이란 단어 대신, 광장(square)이란 단어를 사용하고 있다.

일반적으로 주석가들은 이 구절을 '상징적이며, 동양적인 이미지'를 사용하고 있는 것으로 보고 있지만, 여기서 말하고 있는 생명나무와 그 열매는 문자적인 것으로 보아야 한다.

1. 그렇다면 창세기에 나오는 '생명나무'는 문자 그대로의 나무였을까? 하나님께서 에덴동산에 심으신 다른 나무들도 과연 문자 그대로의 "보기에 아름답고 먹기에 좋은 나무"(창 2:9)였을까? 뿐만 아니라 "선악과"는 문자적인 것이었는가?

아담과 하와가 '선악과'를 먹은 후, 죄와 사망이 세상에 들어오게 되었기에 주님은 생명나무의 열매를 따먹고 영생하지 못하도록 조치를 취하셨다(창 3:22-24). 하지만 이제 영생이 임했고, 선악과의 끔찍한 결과가 어린 양에 의해서 제거되었기에, 생명나무를 먹을 수 있게 되었다. 하나님께서 창세 전에 약속하셨던 영생을 소유한 자들이 부활하였기에, 영원한 세계에서는 생명나무를 자유롭게 먹을 수 있게 된 것이다.

2. 모세 시대에 이집트의 나무들은 우박에 맞아 꺾였고, 메뚜기 떼에 의해서 나무 잎사귀들이 먹히게 된 것은 문자 그대로 일어났다(출 9:25, 10:5). 율법에 순종하는 자들에게 땅은 그 산물을 내고 또 나무들은 열매를 맺으리라는 약속이 주어졌다(레 26:4). 만일 불순종한다면 "땅은 그 산물을 내지 아니하고 땅의 나무는 그 열매를 맺지" 않게 될 것이다(레 26:20).

3. 우리는 에스겔서를 통해서 천년왕국엔 "밭에 나무가 열매를 맺으며 땅이 그 소산을 내라"(겔 34:27)는 구절을 볼 수 있다.

4. 에덴동산에 있는 나무들은 "보기에 아름답고 먹기에 좋은 나무"(창 2:9)였지만, 그럴지라도 질병을 치료하는 효능이 있었는지는 알 수 없다. 하지만 에스겔서를 보면, "강 좌우 가에는 각종 먹을 과실나무가 자라서 그 잎이 시들지 아니하며 열매가 끊이지 아니하고 달마다 새 열매를 맺으리니 그 물이 성소를 통하여 나옴이라 그 열매는 먹을 만하고 그 잎사귀는 약 재료가 되는"(겔 47:12) 것을 볼 수 있다. 천년왕국 시대의 나무들은 사람이 먹을 수 있는 열매를 낼 뿐만 아니라, 그 잎사귀들은 약 재료가 될 것이다.

5. 요한계시록을 보면, 정의의 보좌가 세워진 후 땅에 정의가 실현될 것이며, 우박과 불이 땅에 쏟아지게 되고, 이에 "땅의 삼분의 일이 타 버리고 수목의 삼분의 일도 타 버리고 각종 푸른 풀도 타 버리게" 될 것이다(계 8:7, 7:1-3, 욜 1:12).

6. 우리 주님은 이기는 자들에게 이 생명나무의 열매를 약속하셨다(계 2:7). 둘째 아담이신 그리스도에 의해서 회복된 두 번째

에덴에서는 주 하나님께서 설계하신 모든 것이 성취될 것이며, 그것은 영원할 것이다.

이 생명나무를 묘사하면서 사용된 그리스어 단어는 단수형이다.* 그리스인들은 일반적으로 나무란 단어를 '목재, 즉 죽은 나무'를 가리키는 데에만 사용했다(계 18:12). 여기서 사용된 단어는 개별적인 나무라기 보다는, 나무 전체를 가리키는 의미로 사용한 것으로 보인다.

* 칠십인역은 에덴동산의 나무를 묘사하면서 이 그리스어 단어를 사용하고 있다.

그리스도의 십자가를 묘사할 때에도 네 번이나 이 단어가 사용되었다. 즉 그리스도는 나무에 달려 죽으셨다(행 5:30, 10:39, 13:29, 갈 3:23, 벧전 2:24). 어쩌면 여기에 비밀이 있을 수 있다. 성령께서는 구주께서 나무에 달려 죽신 것이 생명나무를 어떻게 회복시킬 수 있었는지를 우리에게 보여주고 싶어 하시는듯하다. 축복은 그리스도께서 저주를 감당하심으로써 올 수 있었다. "나무에 달린 자마다 저주 아래에 있는 자라 하였음이라 이는 그리스도 예수 안에서 아브라함의 복이 이방인에게 미치게 하려는"(갈 3:13) 것이었다.

우리가 생각해야 할 것은 구주께서 백성들의 환호 가운데 예루살렘에 입성하던 그 시간에 백성들은 길가에 있는 살아 있는 나무에서 나뭇가지를 잘라 그 잎사귀를 길에 깔았다. 그런데 그들이 구주를 잡고자 왔을 때, 그들은 칼과 "몽치"를 가지고 왔으며, 죽음의 나무에 구주 예수님을 못 박을 때까지 그들이 하고자 하는 일을 멈추지 않았다(마 26:47, 55).

에덴동산에 "생명나무"가 있었다. 아담이 먼저 먹었다면 그는 죽지 않았을 것이며, 모든 상황이 완전히 바뀌었을 것이다.

생명나무는 장래 생명을 주는 효력은 없을 것이며, 죽은 자들 가운데서 부활한 자들에게 생명을 유지하는 기능을 하는 것도 아니지만, 생명나무의 열매를 먹을 수 있는 사람들에겐 즐거움을 주게 될 것이다. 새로운 낙원에 생수가 흘러넘치듯이, 과실도 풍성하게 맺히게 될 것이다. 이 두 가지는 큰 무리에게 약속되었다. 어린 양께서는 "그들이 다시는 주리지도 아니하며 목마르지도 아니하게" 하실 것이다(계 7:16-17).

생명나무는 새 성의 광장에 있을 것인데, 사실 새 성의 중심지인 광장은 성전의 지성소에 해당한다. 광장은 성문에서 들어오는 모든 길이 만나는 중심에 있다. 그러므로 나는 그곳이 천상의 도시의 모든 시민들과 만국에서 온 방문자들이 만나는 만남의 장소라고 분별하고 있다. 그곳에서 그들은 마치 옛 이스라엘 백성들과 레위인들이 예루살렘에 모여 절기를 지켰던 것처럼 주님 앞에서 함께 즐거운 시간을 갖게 될 것이다(신 12:12, 18, 16:11, 14)

흔히 도시에 사는 사람들은 자신들이 사회적 존재이며 그래서 마을에서 함께 그룹을 형성하고 살고 있지만 그럼에도 여전히 푸른 나무와 초원으로 가득한 시골을 사랑하고 있다. 고대이든 현대이든 세계의 대도시들은 도시의 일부분을 나무와 풍성한 물이 가득한 곳으로 장식해서 여가를 즐기는 사람들이 자연을 즐기면서 걷고 앉고 또 대화를 나눌 수 있는 휴양지를 갖추고 있다. 바벨론에는 공중 정원이 있었다. 로마에는 오늘날 핀초 구릉 정원이 있으며, 런던에는 많은 공원이 있다. 강이 없다면, 사람들은 강을 대신할 수 있는 연못과 분수대를 만들어서 최대한의 효과를 낸다.

솔로몬은 자신이 왕으로서 할 수 있었던 기쁜 일을 언급하면서 이렇게 말했다. "여러 동산과 과원을 만들고 그 가운데에 각종 과목을 심었으며 나를 위하여 수목을 기르는 삼림에 물을 주기 위하여 못들을 팠으며."(전 2:5,6) 그리고 그는 "내 누이, 내 신부야 내가 내 동산에 들어와서"(아 5:1)라고 말했다.

예루살렘에는 "왕의 동산(the king's garden)"과 "정원(the garden-house)"이 있었지만, 또한 그곳에서 여러 왕들이 도망을 가고, 죽임을 당하고, 또 매장을 당하는 일이 일어났다(느 3:15, 왕하 9:27, 21:18, 25:4). 정원과 과수원을 만들고 그곳에서 나는 과실을 누리는 일은 천년왕국 시대 이스라엘에게 주어진 여러 약속들 가운데 하나였다(암 9:14).

그러나 그 기쁨의 날이 이르기 전에, 옛 예루살렘의 광장은 극도로 악한 역사의 현장이 될 것이고, 그 결과 무서운 심판이 뒤따르게 될 것이다. 무저갱에서 잃어버린 영혼들과 죽은 자들 가운데 있던 짐승(거짓 그리스도)이 올라올 것이며, 사람들이 죽이려고 했지만 죽일 수 없었던 두 증인을 죽이게 될 것이다(계 11:7). 두 증인도 그들의 주님처럼 예루살렘에서 십자가에 못 박히게 될 것이다. "그들의 시체가 큰 성 길에 있으리니 그 성은 영적으로 하면 소돔이라고도 하고 애굽이라고도 하니 곧 그들의 주께서 십자가에 못 박히신 곳이라."(계 11:8) 구세주께서는 장사되었지만, 사람들은 이 두 선지자의 시체를 장사지내지 못하게 할 것인데, 왜냐하면 땅에 사는 자들이 악했기 때문에 이 두 선지자가 그들에게 재앙을 내리는 일을 했기 때문이다. 여러 나라의 사람들은 그들의 죽음을 기뻐했고, 심지어 큰 광장에 놓인 그들의 시체를 보고자 그들 나라의 대표단을 보내기까지 할 것이다. 이는 두 증인이 큰 권능을 행했고, 그토록 많은 사람들은 두 선지자가 정말 죽었다는 것이 믿기지 않기 때문이다. 그러나 이방민족들의 승리는 단지 3일 반 동안만 지속될 것이다. 3일반 후에 두 증인이 죽은 자들 가운데서 살아날 것이고, 두 사람은 원수들이 보는 앞에서 하늘로 올라가 구름 속으로 사라질 것이다. 그러자 지극히 높으신 하나님께서 큰 지진을 보내셨고, 이 지진으로 7천 명이 죽었다. 이 일은 옛 예루살렘에서 일어나게 될 것이다. 그들은 하나님의 종들을 죽였고 또 기뻐했지만, 이제 그들의 삶의 터전이 무너져 내렸고, 그들의 집은 무덤이 되었으며, 살아남은 자들은 두려움에 떨게 될 것이다. 옛 예루살렘은 진동하게 될 것이고 또한 죽음을 맞이하게 될 것이지만, 새 예루살렘은 안정을 되찾게 되고 또한 영생을 누리게 될 것이다.

"생명나무"가 에덴동산에 있는 유일한 나무가 아니었듯이, 내 생각엔, 열두 가지 열매를 맺는 생명나무도 새 예루살렘에 있는 유일한 나무는 아닐 것이다. 새로운 에덴은 "하나님의 낙원"이라고 불리는데, 이는 곧 많은 나무와 꽃이 있는 정원이나 공원을 가리키는 것일 수 있다. 게다가 에덴을 모방하여 만든 솔로몬의 성전을 생각해보면, 우리는 솔로몬의 성전에 "야자수"와 "백합"과 "석류"와 "활짝 핀 여러 종류의 꽃"이 있었던 것을 볼 수 있다. 히람의 걸작품이자 또한 모든 구경꾼의 감탄을 자아낼 정도로 웅장한 두 개의 기둥은 금으로 만든 석류로 장식되었고(왕상 7장), 아론의 옷에도 청색 자색 홍색 실로 석류를 수놓았다(출 28:33, 왕상 6:26,29, 7:8,36). 생화와 열매는 인간이 만들어 낼 수 없다. 그러나 인간은 금으로 그것들의 모방품을 만들어낼 순 있었다. 금으로 만든 꽃과 과실의 상징은 하나님의 영원한 동산에 영원히 거하게 될 사람들의 표징이 될 것이다.

지극히 높으신 하나님께서 정하신 광장 배치를 올바르게 이해한 것이라면, 생명나무들은 광장을 가로지르는 중앙분리대 역할을 하는 것으로 보이며, 그 끝에는 하나님의 보좌가 있다. 그리고 생명나무들은 광장 중앙을 흐르는 강의 좌우 둑에서 자라고 있을 것으로 보이긴 하지만, 확신을 가지고 말할 순 없다.

주님은 이스라엘에게 제단 근처에 어떤 나무로든지 나무숲(grove, 또는 아세라 주상)을 만드는 것을 금하셨다(신 16:21). 선악을 알게 하는 나무로 인해서 죄와 사망이 들어왔고, 나무숲은 나무를 숭배하고 또 지식의 근원으로서 뱀을 숭배하는 역사와 끊임없이 연관되어 왔다(출 34:13, 신 12:2-3). 이스라엘은 사사들과 여러 왕들의 우상숭배에 의해서 이 죄에 빠지곤 했다(삿 6:25, 28, 왕상 15:13, 16:33, 대하 33:3).

> "길 가운데로 흐르더라 강 좌우에 생명나무가 있어 열두 가지 열매를 맺되 달마다 그 열매를 맺고."(계 22:2)

만일 나무가 문자적인 것이라면, 그 열매도 문자적인 것으로 보아야 한다. 나무 열매는 인간에게 주어진 최초의 음식이었다. 하지만 타락 이후에 밭의 채소류로 대체되었다. 이로 인해서 인간에게 경작의 수고를 안겨주었지만, 차이는 미미했다. 그러나 영생의 복을 받고 부활한 새 예루살렘의 시민들은 양식을 위해 수고할 필요가 없다. 왜냐하면 하나님께서 달마다 그들의 양식을 제공하실 것이기 때문이다.

이스라엘 열두 지파가 약속의 땅으로 들어갈 때, 열두 명의 정탐꾼은 그 땅의 산물인 석류, 무화과를 따고, 포도송이가 달린 가지를 베어 두 사람이 막대기에 꿰어 메고 왔다(민 13:23-27, 신 1:25). 이스라엘 자손들은 약속의 땅에서 나는 열매의 처음 소산물을 하나님께 바치라는 명령을 받았다(출 22:29). 약속의 땅의 나무들은, 그들이 순종하기만 하면 열매를 맺을 것이지만, 만일 지극히 높으신 하나님을 격노케 하면 열매를 얻을 수 없었다(신 7:13, 28:40).

천년왕국 시대엔 땅이 풍성한 열매를 맺게 될 것이다. 요엘 선지자는 장차 이 땅에 황폐함과 열매 맺지 못함과 불태우는 큰 재앙이 있을 것이라고 예언한 후에, 들의 풀이 싹이 나며 나무가 열매를 맺으며 또한 무화과나무와 포도나무가 힘을 내어 풍성한 열매를 맺게 될 것을 선언했다(욜 2:22).

알버트 반스와 모세 스튜어트는 생명나무가 있어 열두 종류의 열매를 맺는다는 것에 반대하면서, 같은 종류의 과일을 1년에 열두 번 수확한다는 뜻이라고 주장했다. 결국 (반스가 말하고자 하는 바는) "다양한 열매의 수확이 아니라 풍성한 수확이다. 과실을 맺지 못하는 일은 없을 것이다. 생명나무는 불모를 알지 못한다"고 설명했다. 그렇다면 생명나무가 일 년 내내 석류열매만을 낸다고 가정해 보자. 만일 다양한 종류의 과실을 맺는 것을 부정한다면, 그것은 결국 한 달에 석류를 열두 개만 맺는다고 주장하는 것일 뿐이다! 그렇다면 이 생명나무는 1년에 144개의 석류열매만을 맺는 것이 된다! 과연 이런 것이 풍성한 열매라고 할 수 있는가? 우리는 한 가지 식물이 같은 종류의 열매를 수천 개를 내는 수많은 과실수들을 알고 있다. 게다가 인간은 곧 동일성에 지칠 것이며, 다양성을 사랑하게 될 것이다. 사실 이 구절은 다양성을 약속하고 있다.

이스라엘 백성들이 이집트에 있었을 때 생선과 오이와 참외와 부추와 파와 마늘을 먹었던 시절을 그리워하면서, 하늘에서 내리는 만나를 지겹게 여겼을 때(민 11:4-10), 여호와께서는 그들에게 진노하셨고, 모세는 그들에게 이렇게 말했다. "여호와께서 너희에게 고기를 주어 먹게 하실 것이라 하루나 이틀이나 닷새나 열흘이나 스무 날만 먹을 뿐 아니라 냄새도 싫어하기까지 한 달 동안 먹게 하시리라." (민 11:18-20)

반스는 이러한 인간의 성향을 인정하면서, 그가 이전에 썼던 글을 무시하듯이 이렇게 덧붙였다. "그렇다고 해서 다양성이 없을 것이라고 결론을 내리는 것은 결코 아니다." 그가 이러한 설명을 덧붙이는 것은 결국 생명나무와 생명나무의 열매를 문자적으로 보지 않기 때문이다. 그는 요한계시록 22장 2절을 그저 "천상세계의 거주자들이 누리게 될 기쁨과 삶의 다양성"을 설명하는 정도로만 이해하고 있다.

생명나무에 대한 이러한 하나님의 말씀은 경이로운 다산과 다양성을 모두 내포하고 있다. 이 생명나무는 일 년에 열두 번 열매를 맺을 뿐만 아니라, 매달 맺는 열매도 다르다. 이와 비교해볼 때 땅의 나무들이 과실을 맺는 능력은 한없이 약하고 또한 작을 수밖에 없다.

하지만 죄 없는 기쁨의 장소에선, 지극히 높으신 하나님께서 자기 백성들의 선을 위하시고 또 유익을 주시고, 그들을 기쁘게 하시고자 자신의 전능한 능력을 행사하실 것이다. 생명나무에 대한 이러한 설명은 새 땅의 모든 나무에 적용되는 것은 아닐 것이며, 이렇게 풍성한 열매를 맺을 수 있는 것은 새로운 예루살렘 안에 심겨졌기 때문이며, 지상에서 동풍, 마름병, 애벌레, 또는 서리로 인해서 하나님의 축복을 방해했던 것이 사라졌고, 또한 영원한 햇빛과 물과 하나님의 축복이 넘치기 때문일 것이다.

이러한 내용들을 고려해볼 때, 새 하늘과 새 땅의 기후체계는 현재 세상과는 많은 차이가 있을 것이다. 현재 지구에서 3킬로미터 높이의 산들은 항상 눈이 내리고 얼음으로 덮여 있는 장면을 볼 수 있다.

그렇지만 여기 생명나무는 2,400킬로미터의 높이에 심겨져 있으며, 이러한 환경에서 끊임없는 결실을 내고, 다양한 열매를 맺고 있다. 반면 이 죄악된 세상에서는 하나님께서 물리적으로 축복하실 수 있는 이 정도 최대한도의 결실을 결코 볼 수 없다.

이 생명나무는 모세가 성소 안에 조각목으로 상을 만들고 또 금으로 싸게 했으며, 그 위에 매주 여호와 앞에 바치는 열두 개의 떡덩이(Presence-bread, 진설병)를 올려놓게 했던 나무의 원형이었다. 아론의 아들들과 제사장들만 진설병을 먹을 수 있었다. 진설병은 여호와께 화제로 드리는 것 가운데 지극히 거룩한 것이었으며, 반드시 거룩한 성소에서만 먹어야 했다(레 24:5-9). 그러나 구주께서는 다윗과 그와 함께 한 자들이 시장할 때 진설병을 먹은 일과 대제사장이 꺼리지 않고서 하나님의 왕에게 그 거룩한 떡을 주었던 사실을 언급하셨다(마 12:3,4). 그렇다면 여기에 한 가지 힌트와 선례가 있는 것인데, 즉 생명나무의 열매는 하나님을 위하여 왕과 제사장이 된 천상의 시민들만 먹을 수 있는 것이지만, 그럼에도 예배를 드리고자 먼 곳에서 온 여러 나라의 순례자들에게 생명나무의 열매를 주어 먹게 할 수 있다는 사실을 엿볼 수 있다.

그렇다면 누군가 '생명나무 열매가 새 예루살렘의 시민을 위한 것이라는 구절은 어디에 있는가? 라는 질문을 할 수 있을 것이다. 우리 주님은 에베소 교회의 이기는 자들에게 생명나무의 열매를 먹을 수 있는 권리를 주실 것을 약속하셨다. "이기는 그에게는 내가 하나님의 낙원에 있는 **생명나무의 열매를 주어** 먹게 하리라."(계 2:7) 그리고 또 다시 이렇게 말씀하셨다. "자기 예복을 깨끗이 씻는 자들은 복이 있으니 이는 그들이 **생명나무에 나아가며** 문들을 통하여 성에 들어갈 권세를 받으려 함이로다." (계 22:14) 그리고 또 다시 이렇게 말씀하셨다. "만일 누구든지 이 두루마리의 예언의 말씀에서 제하여 버리면 하나님이 이 두루마리에 기록된 생명나무와 및 거룩한 성에 참여함을 제하여 버리시리라."(계 22:19) 만국백성들은 부활한 사람들과는 다르다. 그들은 지금 "예복을 깨끗이 씻도록" 부르심을 받지도 않았고, "성에 들어갈 권세"를 받지도 못했으며, "생명나무에 참여할 권세"도 받지 못했기 때문이다.

그리스도는 "생명의 빛"이시며 또한 "생명의 빵"이시다. 이러한 특징은 이스라엘과 교회라는 그리스도의 두 백성이 각각 진설병상과 등잔대로 상징되고 있으면서 각자 자신들의 입장과 축복을 끌어오는 그리스도의 충만함에서 흘러나오는 것이다. 여호와 앞에서 즐거워하며 먹는 절기를 생각해보라. 하나님의 도시, 하나님의 성전, 그리고 하나님의 식탁은 각각 이스라엘과 교회를 위한 예배의 일부를 구성하고 있다(신 12:18, 출 29장, 레 24장, 고전 11장).

아브라함이 사람의 모습을 하고 나타난 천상의 존재들을 접대할 때, 그가 향연을 위해 준비했던 음식은 떡과 버터와 우유와 송아지로 요리한 것이었다. 그리고 음식을 준비하는 동안 그들은 먼 길을 오는 동안 먼지로 또는 열기로 더럽혀진 발을 씻었다(창 18:1-8). 하지만 새 예루살렘의 거주민들이 만국 백성들을 접대할 때에는 그들 앞에 하나님의 낙원의 열매와 물만 제공하게 될 것이다. 이 거룩한 예루살렘에서 자라는 것은 평범한 것이 전혀 없을 것이며, 세속적인 것은 들어갈 수도 없다.

"그 나무 잎사귀들은 만국을 치료하기 위하여 있더라."(계 22:2)

이 구절은 구원받은 사람들의 영원한 상태를 이해하는데 있어서 매우 큰 어려움을 준다. 어떻게 영원한 세계에 있는 사람들에게 치료하는 일이 필요한 것인가? 이 구절은 분명 천년왕국 시대를 가리키는 것이어야만 하지 않을까? 그렇지 않다! 5절을 보자. "다시 밤이 없겠고 등불과 햇빛이 쓸 데 없으니 이는 주 하나님이 그들에게 비치심이라 그들이 세세토록 왕 노릇 하리로다." (계 22:5) 여기서 통치하는 일은 영원한 세계에서 있게 될 일이다. 여기서 왕 노릇하는 사람들은 바로 천상의 시민들을 영원히 다스리게 될 것이다.

한편 우선적으로 생각해볼 것은, 이러한 "치료(healing)"는 새 땅에 사는 만국 백성들(the nations)을 위한 것이란 점이다. 그들은 여전히 육신을 입고 있다. 이 치료는 부활의 몸을 입고 있는 사람들을 위한 것이 아니다. 둘째, 이 구절은 요한계시록 21장 4절과 함께 보아야 한다. 요한계시록 21장 4절은 새 땅에 거하는 사람들에 대해서 "다시는 사망이 없고 애통하는 것이나 곡하는 것이나 아픈 것이 다시 있지 아니하리니 처음 것들이 다 지나갔음이러라"고 말하고 있다.

그렇다면 만국 백성들은 "사망"이 없고 "아픈 것"이 없을 것이지만, 여전히 연약해지는 것과 병에 걸리는 일은 있을 수 있다. 우리 주님이 말씀하신 것처럼, 육신이 약한 것은 자연스러운 일이다(마 26:41, 갈 4:13). 주님은 "우리의 연약한 것을 친히 담당하시고 병을 짊어지셨다."(마 8:17, 눅 5:15, 8:2, 요 5:5) 디모데의 육체의 연약성에 대해서 염려한 바울은 그에게 "포도주를 조금씩 쓰라"(딤전 5:23)고 처방했다. 그러나 생명나무의 잎은 포도주보다 훨씬 나은 치료제다. 포도주는 전혀 언급되고 있지 않다.*

* 요한계시록에는 포도주를 여덟 번 언급하고 있는데, 상당히 흥미롭다. 기근을 상징하는 검은 말을 탄 자는 "감람유와 포도주는 해치지 말라"(계 6:5-6)는 명령을 받았다. 포도주는 땅의 상인들이 바벨론으로 가져와 거래하는 상품 중 하나로 거론되고 있다(계 18:13). 나머지 여섯 번 포도주를 언급하는 것은 둘로 나눌 수 있다. 세 번은 만국을 취하게 만드는 로마의 거짓 교리를 포도주로 비유적으로 언급하고 있다(계 14:8, 17:2, 18:3). 그리고 세 번은 하나님의 진노를 가리키는 것으로 언급하고 있다(계 14:10, 16:19, 19:15).

요컨대, 생명나무의 잎은 허약한 사람이나 노인의 몸에 작용하는 특효약이 될 것이며, 지금과는 다른 의료체계를 이루게 될 것이다.

여기서 우리는 만국백성들이 새 예루살렘으로 순례를 떠나는 또 다른 이유를 볼 수 있다. 그들은 자기 땅에서 나는 가장 좋은 소산물을 선물로 가지고 올 것이지만, 그들이 가져온 것보다 더 귀중한 약재를 가지고 돌아가게 될 것이다. 생명나무는 새 예루살렘과 하나님의 직접적인 임재가 있는 거룩한 곳에서만 자라게 될 것이다.

생명나무의 열매와 잎사귀는 모두 가치가 있다. 더욱 가치 있는 산물인 열매가 새 예루살렘의 거주자들을 위한 것이라면, 잎사귀는 이 도시 밖에 사는 사람들을 위한 것이다. 천상의 도시의 시민들과 방문객 사이의 물품교환은 바벨론과 땅의 상인들 사이의 이기적인 상업거래, 즉 싸게 사서 비싸게 파는 것보다 훨씬 더 높은 도덕성을 갖춘 거래일 것이다. 그러한 세상 사업의 원칙은 하나님의 인정을 받을 수 없기에, 더 이상 통용되지 않을 것이다. 여기서 주목할 만한 것은 인간의 도시가 멸망을 당하는 이유 중 하나가 "너의 상인들은 땅의 왕족들이라"(계 18:3,23)는 것이었다.

거룩한 도시 예루살렘으로 순례의 길을 가야 하는 또 다른 이유를, 우리는 복음의 모형을 통해서 볼 수 있다. 성령께서 오순절에 권능 가운데서 세상에 강림하셨고, 사도들은 하나님께 기도하기를 "손을 내밀어 병을 낫게 하시옵고 표적과 기사가 거룩한 종 예수의 이름으로 이루어지게 하옵소서"라고 한 후에 우리는 다음과 같은 구절을 볼 수 있다. 즉 "예루살렘 부근의 수많은 사람들도 모여 병든 사람과 더러운 귀신에게 괴로움 받는 사람을 데리고 와서 다 나음을 얻으니라."(행 5:16) 뿐만 아니라 하나님께서는 바울의 손으로 놀라운 능력을 행하게 하셨는데, 곧 "심지어 사람들이 바울의 몸에서 손수건이나 앞치마를 가져다가 병든 사람에게 얹으면 그 병이 떠나고 악귀도 나가는"(행 19:11,12) 역사가 있었다. 그러므로 만국 백성들 가운데 약한 자들과 병든 자들이 치유를 받고 또 그들을 치유하기 위한 약재를 얻고자 순례의 길에 오르게 될 것이다.

"다시 저주가 없으며."(계 22:3)

1. 이 구절은 우리의 마음에 영원한 축복을 확신시켜 주기 위한 것으로, 매우 은혜롭게 다가온다. 이 약속은 "생명나무"에 대한 언급 후에 추가로 제시되었다. 죄와 저주가 세상에 들어온 것은 선악과 때문이었다. 에덴동산에서 뱀과 땅이 저주를 받았다. 가인이 동생을 살해한 이후에 그에게 저주가 내려졌다. 함이 죄를 지은 후에 그에게도 저주가 내려졌다. 아브라함을 저주하는 자들에게 저주가 임하게 되었다. 율법의 말씀을 실행하지 아니하는 자에게는 저주가 내려질 것이다(신 27:26). 마지막 선지서인 말라기서는 저주로 땅을 칠 것이라는 예고로 끝을 맺고 있다(말 4:6). 그러나 새로운 에덴은 은혜라는 새로운 기반 위에 서 있다. 뱀은 불못에 던져지고, 그 짐승과 거짓 선지자도 심연 속에 삼켜질 것이며, 둘째 사망은 뱀의 후손의 거처가 될 것이다. 이제 더 이상 타락하는 일도 없고, 저주도 없게 될 것이다. 이는 하나님의 낙원이 인간의 육신적인 순종이 아니라, 오직 하나님의 아들의 희생에 터 잡고 있기 때문이다.

2. 천년왕국의 끝에 옛 땅에서 또 다시 악이 일어나게 될 것이고, 땅의 사방 백성들 곧 이방민족들이 옛 예루살렘을 둘러싸고서 전쟁을 벌이게 될 것이다(계 20:7-9). 하지만 새 땅에 들어간 만국백성들은 새 예루살렘으로 올라와서 하나님을 경배하게 될 것이다. 어쩌면 우리는 두려운 마음으로, "아, 또 다시 저주받는 일이 일어나지 않을까?"라는 생각을 할 수도 있다. 아니다. 여기에 영구적인 약속이 있다. 유혹하는 일을 했던 사탄은 더 이상

감옥에서 풀려나는 일이 없을 것이다. 새 땅에 들어간 사람들은 모두 어린 양의 생명책에 그 이름이 기록된 사람들이다. 이제 모든 것은 부활하신 대제사장이신 우리 주님의 희생과 의(義)라는 토대 위에 터 잡고 있게 될 것이다.

새 예루살렘 시민들의 특권

"하나님과 그 어린 양의 보좌가 그 가운데에 있으리니."(계 22:3)

하나님과 그 어린양의 보좌가 그 가운데 있다고 했을 때, 그 가운데는 무엇을 가리키는 것인가?

1. 대부분 학자들은 그것을 그저 거룩한 도시 자체라고 생각한다. 요한계시록 21장 23절은 "그 성은 해나 달의 비침이 쓸 데 없으니 이는 하나님의 영광이 비치고 어린 양이 그 등불이 되심이라"(계 21:23)고 말하고 있다. 하지만 나는 이 구절이 여기 22장 3절과 직접적으로 연결되어 있다고 생각하지 않는다.

2. 이제 우리가 살펴보고 있는 22장에서, "또 그가 수정 같이 맑은 생명수의 강을 내게 보이니 하나님과 및 어린 양의 보좌로부터 나와서 그것의 길 가운데로(in the midst of the street of it) 흐르더라"(1절)고 말한 후에 "하나님과 그 어린 양의 보좌가 그 가운데에 (in it) 있으리니"(3절)라고 말하면서, 우리 앞에 그것(it)을 보여주고 있다. 과연 그것(it)은 무엇을 가리키는 것인가? 이는 우리가 마지막으로 살펴보게 될 매우 중요한 주제다. 요한계시록 21장 16절

을 보라. 킹제임스성경은 "그 도시는 네모 반듯한 광장에 놓여 있고(the city lieth foursquare)"로 번역하고 있다.

그렇다면 우리는 새 예루살렘의 중심에는 정사각형 모양의 광장(square)이 자리 잡고 있으며 또한 그 가운데 있는 "하나님의 낙원"에 하나님과 그 어린 양의 보좌가 세워져 있는 것을 볼 수 있다.

이 거룩한 도시의 중심에 하나님의 보좌가 세워지는 것이 영원한 세계의 특징이다. 창세기를 보면 하나님께서는 에덴을 가끔씩 방문하셨다. 하지만 그곳을 "거니셨을" 뿐이었다(창 3:8) 하나님은 아담과 함께 거하지 않으셨다.

노아의 경우도 마찬가지였다. 여호와께서는 노아에게 말씀하셨고, 노아와 언약을 맺으셨다. 하지만 노아와 함께 거하지는 않으셨다.

하나님은 아브라함을 여러 차례 방문하셨다. 그리고 하나님께서는 아브라함과 말씀을 마치시자마자 곧바로 떠나가셨다(창 18:33).

하나님께서는 이방민족들 가운데서 하나의 백성 이스라엘을 속량하시자마자, 그들을 영원히 자신의 백성으로 삼고자 언약을 맺으셨다. 그리고 나서 우리는 즉시 "내가 그들 중에 거할 성소를 그들이 나를 위하여 짓게 하리라"(출 25:8)는 구절을 볼 수 있다. 하나님께서는 이스라엘의 왕으로서 그들 가운데 거하고 싶어 하셨고, 자신의 집을 건축하고자 하셨다. 비록 예루살렘이 열왕들의 시대에 여호와의 보좌의 자리로 불리긴 했지만, 하나님은 그들 가운데 자신의 보좌를 세우진 않으셨다.

우리 시대에 주님은 하늘로 돌아가셨지만, 우리가 언제든지 때를 따라 돕는 은혜를 얻을 수 있는 "은혜의 보좌"(히 4:16)에 앉아 계신다. 이 세대가 끝나게 되면, 정의의 보좌가 세워지게 될 것이다. 그 때부터 죄악된 이 세상을 향해 재앙이 쏟아 부어지게 될 것이다(계 4장).

인간의 죄악이 하나님의 아들을 만왕의 왕의 자리에서 끌어내렸다. 하지만 하나님의 아들께서는 대적하는 자들을 멸망시키고, 자신의 보좌를 예루살렘에 세우실 것이다(렘 3:14-18). 이기는 자들은 그리스도와 함께 통치하는 영예를 얻게 될 것이다. 그리스도께서는 사탄과 그를 따르는 세상 왕들과 그의 왕좌를 무너뜨리실 것이다(계 2:13, 13:2, 16:10). 그리고 그리스도께서 이 세상 나라를 다스리는 천년왕국이 이 땅에 설립될 것이다.

그리고 천년이 지난 후 사탄이 무저갱에서 올라오고 또 그를 따르는 땅의 사방 백성들에 의해서 마지막 반란이 일어나게 될 것이고, 그 후에 모든 죽은 자들과 살아있는 이방나라 사람들의 운명을 결정하고 또한 새 땅에 들어갈 사람들을 결정하는 크고 흰 보좌 심판이 있게 될 것이다.

최종적으로 우리는 "하나님과 그 어린 양의 보좌"를 볼 수 있다. 인자로서 구주의 보좌와 지상에서 왕권을 받은 많은 왕들의 보좌와 그리고 처음에 나타났던 이십사 장로들의 스물네 개의 보좌가 사라지고 더 이상 보이지 않게 될 것이다. 이로써 "하나님이 만유 가운데 만유"가 되실 것이다. 인간은 율법 시대에 하나님을 위한 성소를 지었다. 그러나 이제 하나님이 친히 자신을 위한 성소를 지으셨고, 자신을 섬기는 제사장들과 레위인들이 함께 거주할 도시를 건설하셨다. 그 천상의 도시가 바로 새 땅의 정부와 예배의 중심이다. 그 천상의 도시의 중심에는 우리의 의이시며, 대제사장이시며, 우리의 보증되신 "어린 양의 보좌"가 있다. 그리고 어린 양의 보좌의 자리는 더 이상 집 안에 있는 것이 아니라 하나님의 도시의 중심에 있는 열린 광장에 있다.

"그의 종들이 그를 섬기며(His servants shall serve Him)."(계 22:3)

성경에는 "종(servants)"이라는 단어가 "왕"과 관련해서 두 가지 의미를 갖고 있다. (1) 매우 일반적인 의미에서, 이 단어는 "신하(subjects)"의 의미가 있다. 그렇다면 만국백성들은 왕의 종으로 보아야 한다.

2. 한편 이 단어가 여기서처럼 보좌와 연결되면, 이 단어는 왕국의 신하들(courtiers)과 대신들(officers)을 가리킨다. 그렇다면 이 용어는 이 거룩한 도시의 시민들과 만국백성들을 구분하는 역할을 한다. 스바 여왕이 솔로몬 앞에서 한 말은 이 점을 훌륭하게 예시하고 있다. "스바의 여왕이 솔로몬의 모든 지혜와 그 건축한 왕궁과 그 상의 식물과 그의 신하들의 좌석과 그의 시종들이 시립한 것과 그들의 관복과 술 관원들과 여호와의 성전에 올라가는 층계를 보고 크게 감동되어 왕께 말하되 내가 내 나라에서 당신의 행위와 당신의 지혜에 대하여 들은 소문이 사실이로다 내가 그 말들을 믿지 아니하였더니 이제 와서 친히 본즉 내게 말한 것은 절반도 못되니 당신의 지혜와 복이 내가 들은 소문보다 더하도다 복되도다 당신의 사람들이여 복되도다 당신의 이

신하들이여 항상 당신 앞에 서서 당신의 지혜를 들음이로다."
(왕상 10:4-8)

스바 여왕의 이 말은 솔로몬의 신하들 전체에 적용될 순 없다. 솔로몬의 신하들 전부가 솔로몬 앞에 계속 서서 그의 지혜를 들었던 것은 아니다. 솔로몬의 지혜로운 말을 들었던 신하들은 솔로몬 가장 가까이에서 섬기는 은총을 입은 대신들과 시종들이었을 것이다. 그녀는 이스라엘 왕좌에 앉아 있는 다윗의 아들만 보았고, 여호와께서 친히 선택하신 이스라엘 민족을 향한 여호와의 사랑을 보았다. 그럴진대 우리는 장차 하나님의 아들께서 왕좌에 앉아 계신 것과 하나님께서 우리를 사랑하신 그 큰 사랑을 얼마나 더 많이 볼 수 있을 것인가!

요한계시록 22장 3절을 보자. "그의 종들이 그를(Him) 섬기리라." (계 22:3) 우리는 어쩌면 단순형 그를 아니라, 복수형 그들 곧 "하나님과 그 어린 양을 섬기며" 란 구절을 기대할지도 모른다. 하지만 하나님과 그 어린 양은 한 분 하나님이시다. 사도 요한의 글에서 이런 표현은 처음이 아니다. 우리는 결코 하나님과 어린 양을 따로 구분할 수 없다는 사실을 발견하게 될 것이다.

인간은 세세토록 하나님을 섬기는 일을 하게 될 것이다. 인간은 하나님을 떠나 독립적으로 설 수 없다. 인간의 행복은 하나님을 섬기는데 있다.

섬김에는 두 가지 형태가 있다. (1) 제사장으로서의 봉사와 (2) 시민으로서의 봉사다.

요한계시록 7장에서 대환난에서 나오는 큰 무리가 소개되었을 때, 우리는 그들이 성전에서 하나님을 섬기는 제사장의 봉사를 하게 될 것을 볼 수 있다(계 7:15). 제사장의 봉사가 천년왕국 기간 동안 지속될 것이란 사실이 또 다시 언급되었다(계 20:4-6). 그리고 천년왕국이 끝나고 죄가 사라지게 되면, 다른 사람들을 섬기는 제사장의 봉사에 대한 언급이 더 이상 없다. 물론 부활한 사람들이 지극히 높으신 하나님을 예배하는 삶은 영원히 지속될 것인데, 바로 요한계시록 22장 3절이 그 사실을 나타내고 있다.

한편 예배가 거룩한 도시의 시민들이 하게 될 유일한 일은 아니다. 이 점에 있어서 많은 성경학자들이 실수를 하는데, 왜냐하면 예배를 구원받은 자의 당연한 의무로만 여기기 때문이다. 이러한 생각은 영원한 예배를 다소 매력적이지 않은 색조로 덧칠하는 큰 실수일 뿐이다. 사실 우리는 영원히 구름 위에 앉아서 찬송가를 부르는 일은 하지 않을 것이다. 이런 것이 일반적으로 그리스도인들이 생각하는 영원한 삶에 대한 개념이긴 하지만, 성경적인 개념은 아니다. 이러한 오류를 낳게 된 것은 장차 부활한 사람들이 하늘의 성전에서 하나님을 섬기는 것을, 찬송가를 부르고 또 예배를 드리는 일의 전부로 생각한 결과다(계 7:15). 사실 예배를 드리는 일은 성전에서만 할 수 있는 일이 맞다. 사실 예배는 장차 땅에서 몸의 구속을 받고 영화로운 몸을 입은 후에, 그리고 구주께서 이 땅을 천년 동안 통치하시기 전 몸의 부활이 일어났을 때 가장 우선적으로 기쁨의 폭발 가운데 행하는 첫 번째 행위임에 틀림이 없다.

이 하나님의 천상의 도시는 인간의 최종적인 거처라는 사실을 잊어선 안된다. 우리는 하나님의 진노의 일곱 대접이 땅에 다 쏟아진 후에, "성전"을 언급하는 것을 더 이상 볼 수 없다(계 16장).

요한계시록 22장 3절은 하나님이 자신을 나타내시고 또한 구속받은 자들이 영원한 기쁨 가운데 행하게 될 일의 마지막 형태를 계시하고 있다. 그들은 세세토록 왕 노릇하는 통치자들이 될 것이다. 그들은 하나님의 명령을 수행할 것이다. 사무엘하 15장 15절을 보라. "왕의 신하들이 왕께 이르되 우리 주 왕께서 하고자 하시는 대로 우리가 행하리이다 보소서 당신의 종들이니이다."(삼하 15:15)

"그의 얼굴을 볼 터이요."(계 22:4)

하나님의 얼굴을 보는 것, 바로 여기에 그들의 영예가 있고, 여기에 그들의 기쁨이 있다. "주께서 생명의 길을 내게 보이셨으니 주 앞에서 내게 기쁨이 충만하게 하시리로다."(행 2:28)

지상의 궁정에 들어가 왕을 알현하는 일은 항상 궁정 대신들의 특권이었다. 그래서 우리는 "그 때에 왕에게 가까이 하여 왕의 기색을 살피며 나라 첫 자리에 앉은 자는 바사와 메대의 일곱 지방관 곧 가르스나와 세달과 아드마다와 다시스와 메레스와 마르스나와 므무간이라"(에 1:14)는 구절을 볼 수 있다.

여호와의 존전 앞으로 나아가 친히 알현할 수 있는 일은 이스라엘이 누릴 수 있는 특권이 아니었다. 마찬가지로 나는 구속을 받은 만국백성들의 경우도 그런 특권을 받지 못했다고 분별하고 있다.

이스라엘의 경우를 생각해보자. 이스라엘 민족이 그 무섭고 두려운 시내산에서 여호와의 임재 앞에 서게 되었을 때, 우리는 다만 "여호와께서 산 위 불 가운데에서 너희와 대면하여 말씀하시매 그 때에 너희가 불을 두려워하여 산에 오르지 못하므로 내가 여호와와 너희 중간에 서서 여호와의 말씀을 너희에게 전하였노라"(신 5:4)라는 구절을 볼 수 있다. 하지만 모세조차도 율법의 하나님, 여호와의 얼굴을 보고 살 수는 없었다(출 33:20). 이스라엘 자손들은 모세가 사십 일 동안 시내산에서 머물렀다가 내려왔을 때, 모세의 얼굴에 투영된 광채조차 감당할 수 없었다. 하물며 육신의 몸을 가진 죄 많은 인간들이 하나님의 얼굴의 영광을 과연 견딜 수 있겠는가!

그리고 악한 자들에게 과연 하나님의 영광은 어떻게 작용하는 것일까? "우리 위에 떨어져 보좌에 앉으신 이의 얼굴에서와 그 어린 양의 진노에서 우리를 가리라."(계 6:16) 죽어가는 죄인들은 이렇게 말할 수밖에 없다. "그렇게 해서라도 하나님의 무서운 얼굴을 피해 숨을 수 없다면, 차라리 지옥이 피난처가 되리라!"

압살롬은 자신의 형을 살해한 후 예루살렘으로 돌아오는 것은 허락을 받았지만, "왕의 얼굴을 보지 못하는" 것이 다윗 앞에서 그가 겪은 치욕이었다. 그는 다윗에게서 받은 이러한 불쾌감에 불만을 품었고, 고의적이고 거만한 방식으로 요압에게 자신이 왕을 알현할 수 있게 해달라고 요구했다. 그러자 다윗은 압살롬이 그가 저지른 범죄에 대한 공식적인 자백이나 회개가 없었음에도, 전과 마찬가지로 보좌 앞에 설 수 있도록 허락을 해주었다(삼하 14장). 다윗 왕은 이렇게 행한 일로 인해 몹시 고통을 받아야 했다. 그러나 하나님의 보좌는 모든 살인자들을 차단시켜, 거룩한 도시에 발을 들일 수 없게 할 것이다(계 22:15).

그 때 거룩한 도시의 시민들은 부활한 몸을 입고 있을 것인데, 그렇지 않다면 그들은 하나님의 영광으로 인해서 "그의 발 앞에 엎드러져 죽은 자 같이"(계 1:17) 될 것이다. 왕이신 주님이 천상의 도시 시민들에게 베푸신 은혜는 참으로 클 것이며, 그들을 향한 신뢰도 클 것이다. 구주께서는 이 사실을 주님의 은혜의 증거로서 언급하면서, 자신이 구속하신 자들을 보호하는 일을 수호천사들에 맡기셨다. "삼가 이 작은 자 중의 하나도 업신여기지 말라 너희에게 말하노니 그들의 천사들이 하늘에서 하늘에 계신 내 아버지의 얼굴을 항상 뵈옵느니라."(마 18:10) 장차 몸의 구속을 받고 부활한 자들은 천사들의 자리를 차지하게 될 것이다.

"그의 이름도 그들의 이마에 있으리라."(계 22:4)

다시 한 번, 우리는 "그들의 이름"이 아니라 단수형 "그의 이름"을 볼 수 있다. 성부와 성자의 이름이 아니라, "하나님과 그 어린 양의 이름"인 것이다.

이마에 새겨진 내용은 아마도 (1) 하나님께서 그들을 받으셨으며, 또한 (2) 하나님께 헌신되었다는 표시일 것이다.

세상의 왕들은 자신들을 기쁘게 하고 또 충성을 입증한 신하들과 대신들에게 높은 관직과 직책을 상으로 주는 일에 익숙하다. 그러한 상들은 평범한 왕국의 신하들보다 더 높은 계급과 존귀함을 나타낸다. 가터 기사단의 표식이나 빅토리아 십자 훈장은 그것을 착용했을 때 모든 사람의 눈에 그가 왕에게 충성했거나 특별한 헌신과 봉사를 했음을 나타낸다. 항상 착용하는 것은 아니지만 특별한 경우에 착용하게 될 것이다. 특히 궁정에서 착용하게 될 것이다. 그렇다면 이러한 것들은 그들이 하나님의 보좌 앞에서 영원한 귀족들이란 사실을 나타낸다. 그들은 요한계시록 4장에 있는 이십 장로들을 대체하는 존재들이다. 그래서 이십 장로들은 구주께서 지상 천년왕국을 세우고자 땅으로 내려오신 후에는 그 자취를 감추게 된 것이다.

하나님의 영원한 경륜이 이러한 최종 결과를 어떻게 성취해낼 것인지에 대해서 이전에 어떠한 방식으로 암시를 주었는지를 관찰하는 일은 흥미롭다. 따라서 우리는 그것이 하나님의 경륜의 일부이며, 각 부분이 서로를 지탱하고 있음을 볼 수 있다.

1. 하나님이 아브라함을 선택하셨을 때, 하나님은 할례를 행함으로써 그의 육신에 표식을 남기셨지만 세상은 볼 수 없었다.

2. 여호와께서 이스라엘과 언약을 맺으셨을 때, 여호와께서는 할례 외에도 모든 이스라엘 자손은 그들의 옷단 귀에 술을 만들고 청색 끈을 그 귀의 술에 더하라는 명령을 추가하셨다(민 15장).* 이것은 일종의 표식이었는데, 즉 하나님께서 그들을 신뢰하신다는 표식이 아니라, 오히려 사망의 형벌 아래에 있는 그들에게 전체 율법을 이행해야 할 책임이 있음을 상기시켜 주는 표식이었다.

* 금욕주의자들은 이것을 모방했고, 어떤 사람들은 이 성경구절이 이렇게 할 권한을 부여했다고 생각했다. 그러나 이런 옷을 입는 것은 온 율법을 준수해야 하는 의무를 부과하기 위한 것이었다(39절). 그러므로 율법 아래 있는 사람은 그리스도에게서 끊어

진 사람이 될 수밖에 없다(갈 5:4).

3. 대제사장의 옷에 대한 설명 후에, 대제사장은 그의 이마에 "여호와께 성결"이라고 쓴 금패를 부착하라는 명령을 받았다(출 28:36-38). 그 패를 청색 끈으로 관 위에 매어 두어야 했다(출 28:37). "이 패를 아론의 이마에 두어 그가 이스라엘 자손이 거룩하게 드리는 성물과 관련된 죄책을 담당하게 하라 그 패가 아론의 이마에 늘 있으므로 그 성물을 여호와께서 받으시게 되리라."(출 28:38) 마침내 거룩한 도시의 시민들 각 사람은 구약시대의 대제사장이 소유한 것보다 훨씬 더 고귀한 장식을 가지게 될 것이다.

4. 복음의 초기 시대에는 강력한 표식이 나타났다. 성령의 인침은 세례(침례) 이후에 신자들에게 주어지는 초자연적인 은사들 중 하나였다(고후 1:22, 엡 1:13, 4:30, 요 6:27). 신자가 침례를 받고자 물에 들어갈 때 성부와 성자와 성령의 이름으로 침례를 받게 되는데, 이렇게 성부와 성자와 성령의 이름을 부르는 것은 눈에 보이는 표식을 남기는 것은 아니었다. 교회사를 보면, 이러한 침례식을, 적절하지는 않지만 '인치는 의식(a sealing ordinance)'으로 부르기도 했다. 하지만 침례식 이후에 초자연적인 은사 중 하나로서 성령을 받는 것이야말로 영구적으로 인치는 것이었다.

5. 요한계시록 7장에서 우리는 이스라엘 각 지파 가운데 12,000명씩 하나님의 인을 치는 것을 볼 수 있다. 이것은 문자적인 표식이었으며, 하나님을 대적하는 자들에게 쏟아 붓는 재앙

에서 면제시켜주는 표시였다. 장차 무저갱에서 나오는 전갈의 권세를 받은 황충이 그 표식을 알아볼 것이고, 이마에 하나님의 인침을 받지 아니한 사람들만 해치게 될 것이다(계 9:3-4). 그러므로 이것은 눈에 보이는 표식이 분명하다.

6. 사탄은 이를 모방하는 일을 할 것이다. 그의 거짓 선지자는 각 사람의 오른 손이나 이마에 거짓 그리스도의 표시를 새기는 일을 할 것이다(계 13:16). 이것을 거부하는 것은 곧 죽음을 뜻한다. 하지만 짐승의 표를 받아들이면 하나님의 심판과 정죄를 받게 될 것이다. 이 표는 곧 마귀와 그의 거짓 그리스도를 향해 자신의 몸과 영혼을 헌신한다는 표식이다. 그러므로 이 표를 받은 사람에겐 하나님의 영원한 진노와 저주가 그 위에 있게 될 것이다(계 14:9-10).

그러므로 요한계시록에서 말하는 이러한 표식들은 문자적인 것이다. 요한계시록 22장 4절에서 그들의 이마에 있는 하나님의 이름은 거룩한 도시의 시민권의 증거다. 이 표식은 거룩한 도시에 들어갈 권리와 생명나무 열매를 먹을 수 있는 권세를 뜻한다. 이것은 세상의 표가 위조될 수 없는 것처럼, 결코 위조될 수 없다. 거룩한 도시를 순례하는 만국백성들은 밤에 문밖에 머물러야 하지만, 이 표식만 있으면 문지기 천사의 제지를 받지 않고 도시를 출입할 수 있을 것이다.

"다시 밤이 없겠고* 등불과 햇빛이 쓸 데 없으니 이는 주 하나님이 그들에게 비치심이라 그들이 세세토록 왕 노릇 하리로다."(계 22:5)

* 여기서 밤이 없다는 것은 거룩한 도시에 사는 시민들에게만 적용되어야 한다. 왜냐하면 밤은 만국백성들을 위해 존재한다는 것이 충분히 입증되었기 때문이다.

여기에 거룩한 도시를 밝히는 영원한 빛에 대해서 증거하는 두 번째 말씀이 있다. 그리고 이 빛이 거룩한 도시의 시민들이 누리고 있는 특권 중 하나로서 언급되고 있다. 이전에는 이 빛이 도시의 영광으로 묘사되었고, 도시 밖에 사는 사람들이 그 빛에 의존해서 다니는 것으로 설명되었다(계 21:24-25).

거룩한 도시의 시민들은 항상 섬기는 일로 분주하다. 만일 그들에게 밤이 있었다면 항상 섬기는 일은 가능하지 않다. 지치는 일도 없고, 아무리 써도 고갈되지 않는 에너지를 소유하고 있기 때문에, 천상의 시민들은 그들의 봉사를 완수하는데 빛이 필요할 것이고, 그래서 그 빛이 세세토록 주어질 것이다.

거룩한 도시와 그 시민들에 대한 이처럼 간단한 스케치에는 얼마나 많은 내용들이 함축되어 있는지 모른다! 이런 것이 바로 사도 바울이 말했던 "빛 가운데 있는 성도의 기업의 부분"(골 1:12)인 것이다.

그리스도인들은 지금 어두운 세상을 밝히는 영적인 빛이다(마 5:14). 그들은 전에는 어둠이었지만, 지금은 "주 안에 빛"이다.

지금 "빛의 자녀"인 그들은 장차 영원한 빛 가운데서 걷게 될 것이다. 악인들은 이미 영적인 어둠 속에 있으며, 어둠의 군주가 이끄는 대로 따라 가고 있고, 그렇기 때문에 그들의 거처는 "영원히 예비된 캄캄한 흑암"(유 1:13)이다. 우리는 또한 거짓 그리스도와 그를 경배한 자들에게 내려지는 재앙들 중 하나가 뜨거운 햇빛으로 그들을 태우고 또한 짐승의 왕좌에 어둠이 내리는 것을 볼 수 있다. 그럼에도 그들은 자기 혀를 깨물고 하나님을 비방하고 자신들의 행위를 회개하지 않을 것이지만(계 16:10-11), 반면 거룩한 도시의 시민들은 하나님을 찬양하고 기뻐할 것이다.

땅에 사는 사람들에겐 낮에는 햇빛이 필요하고 또 밤에는 등불이 필요할 것인데, 이는 사람들이 자신이 맡은 일을 계속해 나가야 하기 때문이다. 하지만 거룩한 도시의 시민들은 그런 광명체보다 더욱 우월한 광명체를 가지고 있다. 바로 하나님의 영광이 그들에게 영원한 빛의 근원이다. 음녀의 도시는 구덩이로 내던져지게 될 것이다. 거기에는 빛이 없을 것이며, 음녀가 타는 연기만이 영원히 올라오게 될 것이다(계 18:21, 19:3).

"그들이 세세토록 왕 노릇 하리로다."(계 22:5)

거룩한 도시의 시민들의 마지막 특권이 이렇게 소개되고 있다. 이 얼마나 영광스러운 일인가! 세세토록 왕 노릇하는 것이 그들의 마지막 사명이다. 어린 양께서는 대환난에서 구원받은 자들을 성전에서 하나님을 섬기는데서, 최종적으로는 생명수 샘으로 인도하실 것이다(계 7:15,17). 이 생명수 샘은 거룩한 도시 안에 있으며, 그곳이 그들의 영원한 거처다.

거룩한 도시에 사는 모든 시민들은 왕이다. 요한계시록 20장 4절과 6절을 보면, "예수를 증언함과 하나님의 말씀 때문에 목 베임을 당한 자들의 영혼들과 또 짐승과 그의 우상에게 경배하지 아니하고 그들의 이마와 손에 그의 표를 받지 아니한 자들이 살아서 그리스도와 더불어 천 년 동안 왕 노릇 하니 … 이 첫째 부활에 참여하는 자들은 복이 있고 거룩하도다 둘째 사망이 그들을 다스리는 권세가 없고 도리어 그들이 하나님과 그리스도의 제사장이 되어 천 년 동안 그리스도와 더불어 왕 노릇 하리라"고 말하고 있다. 하지만 이제 제사장 직분이 더 이상 언급되고 있지 않다는 사실에 주목할 필요가 있는데, 이는 앞서 언급한 이유 때문이다.

1. 이 영원한 왕권에 대한 사전적인 암시는 아브라함에게 약속의 형태로 주어졌다. "왕들이 네게로부터 나오리라."(창 17:6) 그리고 사라에게는 "민족의 여러 왕이 그에게서 나리라"(창 17:16)는 약속의 말씀이 있었다.

2. 이 약속은 야곱에게 반복적으로 주어졌다(창 35:11).

3. 이스라엘에게 주어진 천년왕국 시대에 이루어질 약속을 보면, 이보다는 더욱 진전된 계시를 주고 있다. "외인은 서서 너희 양 떼를 칠 것이요 이방 사람은 너희 농부와 포도원지기가 될 것이나 오직 너희는 여호와의 제사장이라 일컬음을 받을 것이라 사람들이 너희를 우리 하나님의 봉사자라 할 것이며 너희가 이

방 나라들의 재물을 먹으며 그들의 영광을 얻어 자랑할 것이니라."(사 61:5, 6)

(1) 이사야의 이 약속의 말씀은 두 부류의 구속 받은 자들이 있음을 전제로 하고 있다. 이스라엘은 천년왕국 기간 동안 이방나라들을 다스릴 것이다. 영원한 도시의 시민들은 성 밖에 사는 만국백성들을 영원히 다스리는 왕들이 될 것이다. 이렇게 다스리고 또 다스림을 받는 것이 하나님의 영원한 계획이다. 이러한 섭리는 마침내 확고히 세워지게 될 것이다.

(2) 거룩한 도시의 시민들은 심지어 만국의 왕들을 다스릴 것이다. 그리스도께서 "땅의 임금들의 머리(Prince of the kings of the earth)"(계 1:5)이신 것처럼, 거룩한 도시의 시민들은 최고의 주권자이시며 만왕의 왕(the King of kings)이신 그리스도의 다스림을 받는 왕들이 될 것이다. 왕권을 행사하는 자격을 획득한 사람들은 다양한 종류의 우월한 권세가 주어지게 될 것이다. 세상에서는 이러한 왕권은 출생을 통해서 얻는 것이 일반적이다. 왕권은 특별한 가문에 속한 사람들에게 국한되는 법이다. 이스라엘의 경우를 보면, 다윗과 그의 아들들이 여호와의 선택을 받았다. 그러므로 장차 영원한 세계에서 왕이 되는 사람들은 하나님에게서 난 사람들이고, 이 세상에서 그리스도의 통치권에 참여할 수 있는 특별한 교육을 받았으며, 높은 지위에 오르도록 훈련을 받은 사람들이다. 그들은 또한 해처럼 빛나는 영광스러운 몸을 받게 되고, 따로 구분된 영광스러운 거처를 소유하게 될 것이다. 죽은 자 가운데서의 부활은 그들에게 육체 가운데 있는 사

람들보다 의심의 여지없이 더욱 탁월한 우월성을 부여해주게 될 것이다. 왜냐하면 땅에 속한 사람들은 땅에 속한 영광을 받을 것이고, 하늘에 속한 사람들은 하늘에 속한 영광을 받을 것인데, 하늘에 속한 영광은 땅에 속한 영광보다 더욱 우월한 것이기 때문이다.

솔로몬이 자신에게서 지혜를 얻고 또 자문을 구하기 위해 온 이방나라들과 왕족과 왕들을 다스렸던 것처럼, 거룩한 도시의 시민들도 만국백성들과 땅의 왕들을 그런 식으로 다스리게 될 것이다.

그들의 다스림과 왕 노릇은 "세세토록" 이어지게 될 것이다.

일시적인 것이 영원한 것보다 앞에 왔다. 이것은 영원한 형벌과 상급의 문제에서도 마찬가지다. 일시적인 고통이 있었지만, 영원한 기쁨이 세세토록 이어질 것이다.

1. 땅의 죄인들이 무저갱에서 나온 황충들에 의해서 다섯 달 동안 괴로움을 받게 될 것이다(계 9:3-5).
2. 유프라테스 강을 건너온 기병들이 특별히 정해진 그 년 월 일 시에 이르러 사람 삼분의 일을 죽일 것이다.
3. 거짓 그리스도와 거짓 선지자는 사탄이 불못에 던져지기 일천 년 전에 먼저 불못에 던져질 것이다(계 19:20).
4. 사탄은 영원한 불못에 들어가기 일천 년 전에 무저갱에 갇혀 고통을 당하게 될 것이다(계 20:2-3).

보상의 차원에서, 영광과 면류관과 상급을 받은 성도들이 천년 동안 그리스도와 더불어 다스리는 일은 영원한 세계에서 통치하는 일보다 앞서 있게 될 것이다. 이렇게 그리스도와 더불어 왕 노릇하는 일은 모든 신자가 얻을 수 있는 상이 아니다. 특별히 그리스도께 자신을 헌신하고, 그리스도의 고난에 참여한 사람들에게 주어지는 상급이다.

영원히 왕 노릇하는 것은 이스라엘이든 교회이든 부활한 자들을 위한 것이다. 영원 세계에서 왕노릇하는 권세는 율법적인 열심의 산물이 아니라, 풍성한 은혜를 받은 결과로 헌신적인 제자의 삶을 산 것에 대한 보상으로 주어지는 선물이다. 그러므로 바울은 은혜를 굳게 붙잡으라고 권고했다(히 12:28, 29). 율법과 공의는, 죄인인 인간에게 적용될 때 진노만을 불러올 뿐이기 때문이다.

"그들이 세세토록 왕 노릇 하리로다"에서 "세세토록(for ever and ever)"이라는 표현은 매우 강력한 표현이다. 그리고 영원한 세계에서 우리에게 이러한 영광의 약속을 주시는 것은 우리 하나님의 전적인 은혜다.

한편 "세세토록"이란 단어는 구원받지 못한 사람들이 받게 될 고통의 영원성 또한 표현하고 있다(계 14:11, 20:10). 이러한 하나님의 증거의 말씀을 받아들이기를 거부하는 것은 거듭난 일이 없는 인간의 하나님을 향한 증오심의 발로일 뿐이다.

영원한 행복과 영원한 비참함은 모두 하나님의 거룩한 본성의 결과일 뿐만 아니라 재판장으로서 하나님의 공의로운 선고의 결과다. 영혼의 구속을 받은 사람들의 본성 속에는 마침내 거룩만

남게 될 것이다. 거룩과 행복이 영원히 함께 결합될 것이기 때문이다. 자신의 영혼이 영원히 잃어버린바 된 사람들은 본성적으로 하나님을 대적할 뿐만 아니라 하나님과 하나님의 법을 미워하며, 그 적대감은 더욱 커져만 갈 것이다. 악은 영원히 존재할 것이기에, 거듭나는 은혜에 의해서 새로운 본성을 받은 일이 없는 영혼들에겐 악만 남게 될 것이다. 하나님의 자비를 거절한 사람들은 결국 자신이 선택한 흑암의 운명 속으로 세세토록 더욱 깊이 빠져 들어가게 될 것이다.

새 예루살렘과 낙원, 에덴의 발전

처음 창조 때 계획된 하나님의 계획은 사탄과 인간의 죄로 인해서 방해를 받았다. 그러나 그 계획은 포기된 적이 없었다. 그 날 이후로 하나님께서는 결코 흔들리지 않는 기초 위에 에덴을 재건하기 위해서 역사해 오셨다. 하나님의 최종적인 계획은 마침내 확실히 이루어질 것이며, 그 계획을 방해하는 모든 자들은 멸망을 당하게 될 것이다.

하나님의 창조 사역은 6일 만에 완료되었고, 그 하시던 일을 일곱째 날에 마치시고 안식하셨다. 하나님의 영혼구속 사역 또한 6일 만에 완료될 것이며, 하나님의 안식은 일곱째 날에 있게 될 것이다.

창조보다 더 위대한 구속의 사역에 있어서, 하루는 천 년과 같다. 왜냐하면 죄로 인해서 잃어버린 것을 회복하는 일은 창조의 사역보다 더 느리고 어렵기 때문이다. 주님의 계획을 조금 더 자세히 살펴보자.

에덴

전반적으로 세상이 창조된 후, 지극히 높으신 하나님께서는 에덴 땅에서 특별한 장소를 골라내셨고, 그곳에 아담의 거처를 위한 정원을 마련하셨다. 거기엔 나무들이 많이 있었지만, 특별히 두 개의 나무가 있었다. 하나는 선악을 알게 하는 지식의 나무였고, 먹으면 죽음을 가져오는 나무였다. 다른 하나는 생명의 나무였고, 먹으면 영생을 가져오는 나무였다.

뱀으로 위장한 사탄은 우리의 조상, 아담과 하와를 유혹하여 죽음을 가져오는 나무의 열매를 먹게 했다. 사탄은 하나님에 대해서 두 가지 거짓말을 했다.

(1) '하나님은 선하지 않다. 하나님은 엄하신 분이시고 터무니없는 것을 요구하는 분이시다. 하나님은 당신을 정원에 두셨지만, 나무 열매는 먹지 못하게 금하셨다' 는 것이었다. 하나님께서는 은혜의 섭리를 통해서, 우리를 구원하기 위해 자신의 사랑하는 독생자를 주심으로써 이 거짓말을 반박하셨다. "자기 아들을 아끼지 아니하시고 우리 모든 사람을 위하여 내주신 이가 어찌 그 아들과 함께 모든 것을 우리에게 주시지 아니하겠느냐?"(롬 8:32) 하나님은 자기 아들을 아끼지 아니하고 내어주실 정도로 우리를 사랑하셨는데, 과연 우리에게 그 무엇을 주시는 것을 아까와 하신단 말인가?

(2) 사탄의 두 번째 거짓말은 '하나님은 진실하지 않다' 는 것이었다. '하나님은 그저 위협만 하실 뿐, 정작 그렇게 하실 뜻은 전혀 없다. 다만 당신이 행복과 진보의 길로 들어서지 못하도록 겁을 주려는 것일 뿐이다. 하나님은 당신이 하나님 자신과 동등해질까 봐 두려워한다.' 하나님께서는 이 거짓말도 자신의 섭리적인 과정을 통해서 반박하셨다. 하나님은 진실하시다. 왜냐하면 하나님께서는 모든 인간이 죽어야 한다는 자신의 말씀을 그대로 실행하셨기 때문이다. 사실 수많은 사람들 중에서 죽음을 피한 사람은 에녹과 엘리야 외엔 없었다. 그렇기 때문에 요한계시록은 그들도 죽임을 당하기 위해서 땅으로 다시 돌아와 죽임을 당하게 될 것을 보여주고 있다(계 11:1-12).

그러나 가장 중차대한 사안은 회개하지 않는 죄인에게 임하게 될 끔찍한 일인데, 하나님은 자기 아들을 죽음에 내어주셨고, 주 예수님께서 우리의 모든 죄들을 대신 지게 하셨기 때문이다. 한 점 죄도 없이 완전하신 주 예수님은 할 수만 있다면 이 죽음의 잔을 피하게 해달라고 하나님께 간청했음에도 불구하고, 하나님은 우리를 구원하시고자 주 예수님의 얼굴을 외면하셨다. 하나님의 이러한 사랑에도 불구하고 하나님의 용서하시는 사랑을 외면한 사람, 자신이 지은 죄들을 용서받지 못한 죄인은 어쩔 수 없이 죽음 이후에, 둘째 사망에 던져지게 될 것이고, 영원한 불못에서 세세토록 고통을 당할 수밖에 없다는 것은 얼마나 확실한 것인가!

우리의 첫 번째 조상들이 범죄를 저지른 후, 그들은 창조주 앞에 소환되었고, 뱀도 그곳에 있었다. 주요한 범죄자인 뱀에게 통렬한 심판이 내려졌다.

아담과 하와에게도 선고가 내려졌다. 두 사람 각자에게 많은 시련이 있을 것이며, 죽음으로 끝나게 될 것이 선언되었다. 하지만 그들은 속이는 자가 여자의 후손에 의해서 멸망을 당할 것이라는 사실을 배울 수 있었다. 그리고 여호와께서는 그들이 스스로 옷을 지어 입으려는 시도가 얼마나 무익한 일인지를 입증하신 후에 그들에게 가죽옷을 지어 입히셨다. 여기에 나타난 자비와 구원의 한 조각 그림을 보라!

이제 에덴에서 그들의 행복한 시절은 끝났다. 그들은 그처럼 아름다운 에덴동산에서 쫓겨났다. 그들은 옳고 그름에 대한 지식을 얻었지만, 무죄한 양심을 상실하게 되었고, 이제 그들은 생명나무 열매를 먹을 수 없게 되었다. 죄가 계속해서 커지면서 영생의 삶을 산다는 것은 끔찍한 일이었을 것이다. 결국 그들은 에덴에서 쫓겨나게 되었고, 사람의 근원이 된 땅을 갈며 살게 되었다.

인간의 죄가 금지된 선악과를 먹었던 것이었기 때문에, 그들이 양식을 먹는 것 자체가 그들에게 타락을 증거하는 것이어야 했다. 생명나무의 열매를 먹는 것은 더 이상 허용될 수 없었다. 그들은 땅을 경작해서 땅에서 나오는 곡식으로 살아야 했다. 땅을 경작하고 곡식을 수확하는 일은 많은 수고가 필요했고, 알곡을 맺는 데에는 많은 방해가 있을 것이었으며, 그 수확량은 매우 적을 수밖에 없었다. "이같이 하나님이 그 사람을 쫓아내셨고, … 생명 나무의 길을 지키게" 하셨다(창 3:24).

에덴은 아직 없어지지 않았고, 생명나무도 제거되지 않았다. 하지만 범죄한 우리 조상들은 더 이상 생명나무의 열매를 먹을 수 없게 되었다. 그리고 잠을 잘 필요가 없는 천사들이 생명나무의 길을 지키게 되었고, 그 열매를 따 먹는 것을 막기 위해 배치되었다.

이렇게 아담과 그의 자손들은 에덴을 출입할 수 없게 되었다. 혹시라도 하나님의 허락을 받는다면 다시 들어갈 수 있었을까? 그들은 자신의 행위와 공로를 인정받음으로써 영생을 얻을 수 있었을까? 이제 우리는 선악을 아는 지식을 얻게 된 결과 중 하나로서, 예배가 에덴동산 밖에서 시작되는 것을 볼 수 있다. 어쩌면 예배는 하나님께서 에덴동산 앞에 세우신 장막 앞에서 드려졌을 것이다. 그러나 가인은 인류의 타락을 인정하지 않으려고 했고, 그 결과에 승복하기를 거부했다. 그는 대속제물을 준비해서 거룩한 하나님 앞에 나아가고자 하지 않았다. 그는 피로써 속죄 받는 것을 인정하고자 하지 않았다. 그는 하나님과 많은 변론을 했을 것이지만, 기분이 언짢은 듯한 태도를 취했으며, 하나님께서 자기 동생의 예배를 받으시는 것을 보고는 시기한 나머지 동생을 살해했다. 그가 심판장이신 하나님 앞에 소환되었을 때, 그는 대담하게도 거짓말을 했다. 자신에게 내려진 선언 때문에 두려워했지만, 그는 결코 자신의 죄를 자백하지는 않았다.

가인은 하나의 도시를 건설했으며, 자신이 쫓겨난 세상의 자원을 개발하고자 했다. 인간은 양심의 가책을 느꼈지만, 그럼에도 불구하고 세상은 악 가운데서 계속해서 발전해나갔다. 천사들이 내려와 인간의 운명에 참여함으로써 폭력과 타락은 더욱 번성하게 되었다. 하나님께서는 한 사람의 가족을 제외하고서, 모든 인류가 심판에 의해서 쓸려나가게 될 것을 결정하셨다. 이로써 양심을 따라서 살긴 하지만 육신의 욕망을 좇아서 살게 된 인간은 잃어버린 에덴을 회복하기는커녕, 심판의 홍수에 의해서 멸망을 당하게 되었다.

그러나 노아는 여호와께 은혜를 입었다. 악한 세상에서 유일한 의인이었던 노아에게, 하나님께서는 멸망과 구원에 대한 자신의 계획을 알리셨다. 노아는 거대한 방주를 만들어야 했으며, 자신과 더불어 이 세상에서 구원을 받을 가족 7명과 동물들을 방주 안에 들어가게 함으로써 죽음의 홍수를 피해야 했다.

홍수에서 구원받은 자들은 다섯 부류다. (1) 새, (2) 가축, (3) 짐승, (4) 파충류, 그리고 (5) 인간이다. 엄청난 비가 내렸고, 방주에 있던 사람들 외에는 모두 익사했다. 새로운 세상에 속한 사람들은 물을 통과해야 했다. 이에 상응하는 것이 바로 신자들의 침수례다(벧전 3:20-21).

물은 깊은 곳으로 되돌아가게 되었고, 하나님께서 노아와 구원받은 가족들에게 방주에서 나가라고 말씀하셨다. 방주는 아라라트 산에 머물게 되었다.

방주에서 나온 노아는 제단을 쌓고 여호와께 제사를 드렸다. 그 제사를 통해서 여호와께서는 안식의 향기를 취하셨다. 그것은 장차 이루어질 위대한 희생의 예표였으며, 하나님의 아들께서 자신을 희생하심으로써 바치는 대속(代贖)의 제사로 인해서 하늘과 땅은 영원히 하나님의 은총 속에 안식하게 될 것이다. 지극히 높으신 하나님께서는 노아와 그의 아들들에게 복을 내리셨다. 하나님께서는 땅의 모든 동물들을 사람의 식량으로 삼을 수 있게 하셨지만, 고기를 그 생명 되는 피째 먹지 말 것을 명하셨으며, 피를 흘린 것에 대한 심판의 날이 있음을 알리셨다.

그런 다음 하나님께서는 네 부류의 생물과 언약을 맺으셨다 (창 9:9-10). 앞서 언급했던 다섯 부류 중 하나는 생략되었다. 그 한 종류는 파충류였다. 왜냐하면 죄가 뱀을 통해서 들어왔기 때문이며, 따라서 뱀에겐 새 땅에 들어가는 일이 허락되지 않았다. 물고기도 이 언약에 포함되지 않았다. 물고기 역시 새 땅에 없다. "내가 새 하늘과 새 땅을 보니 … 바다도 다시 있지 않더라." (계 21:1)

노아와 그의 아들들로부터 땅에는 여러 나라 민족들이 나오게 되었고, 이로써 여러 "언어와 종족과 나라"가 생겨나게 되었다 (창 10:5,32).

아브라함

그 후 사람들은 빠르게 우상 숭배에 빠졌다. 하나님은 은혜로써 아브라함과 그의 가족을 선택하셨고, 약속들을 주시고 또 언약을 맺으심으로써 복의 통로가 되는 새로운 인류의 시초로 삼으셨다.

하나님께서는 족장 아브라함에게 세 가지 씨(후손)를 주실 것을 선언하셨다.

1. 유일한 상속자이신 그리스도다(창 15:4, 갈 3:16).
2. 아브라함의 육신의 후손으로서 바닷가의 모래와 같이 많게 되는 이스라엘이다(창 13:16).

3. 하늘의 별과 같이 많은 아브라함의 믿음의 후손들로서, 장차 죽은 자들 가운데서 부활하여 하늘에 영원히 거하게 될 에클레시아다(창 22:17).

예수님은 아브라함의 아들이자 하나님의 아들이시다. 만국백성과 이스라엘과 교회는 모두 그리스도께 의존되어 있다. 이 세 후손들은 각각 (1) 천상의 도시의 시민들이 될 것이며, (2) 또한 천상의 도시 밖에 사는 만국백성들이 될 것이다. 장차 만국백성들이 이스라엘의 자리에 들어가게 되면, 세 개의 부류는 최종적으로 두 개의 부류로 축소될 것이다.

모세 아래에 있는 이스라엘

여호와께서는 이스라엘 자손을 이집트에서 구속하셨고, 그들을 시내산으로 인도하셨으며, 거기서 이스라엘과 언약을 맺으셨다. 만일 이스라엘이 모든 일에서 여호와께 순종하면 그들은 하나님의 보배로운 백성이 될 것이며, 제사장 나라가 되고 거룩한 나라가 될 참이었다(출 19장).

사십 일 만에 이 언약은 깨졌다. 하지만 모세의 중보를 통해서 이 언약은 하나님의 자비를 더함으로써, 회복되었다. 그 때 여호와께서는 그분의 선하심 가운데 "내가 그들 중에 거할 성소를 그들이 나를 위하여 짓되"(출 25:8)라고 말씀하셨다. 여기에는 에덴에서 아담에 대한 섭리와 심지어 아브라함에 대한 하나님의 섭리에 있어서 큰 진전이 나타났다. 지극히 높으신 하나님께서는 이전에 지상에 거하신 적이 없었기 때문이다.

사람이 하나님의 생각을 알지 못하였기에, 하나님께서는 자신의 거처에 대한 세부적인 지침을 정확하게 알리실 필요가 있었다. 이러한 지침들이 구두(口頭)로 주어진 후에도 실수할 가능성이 있었기 때문에, 여호와께서는 브살렐과 오홀리압에게 여호와의 영으로 충만하게 하셔서 자신의 생각대로 모든 것이 만들어지게 하셨다.

모세의 장막은 일반적으로 타락 이후의 에덴 동산을 상징적으로 재현하는 것이었다. 에덴 동산에서 일어난 사건의 세 주모자에 대한 선언 이후에 하나님이 하신 일은 다음과 같다.

"이같이 하나님이 그 사람을 쫓아내시고 에덴 동산 동쪽에 그룹들과 두루 도는 불 칼을 두어 생명 나무의 길을 지키게 하시니라."(창 3:24)

모세의 장막은 뜰로 둘러싸인 성소였으며, 그 크기는 100규빗 x 50규빗이었다. 그곳은 창조주 하나님이시며 또한 이스라엘의 하나님의 거처였다. 이스라엘 백성들은 이방민족들 가운데서 따로 불러냄을 받고 또한 깨끗함을 받은 사람들이었지만, 그럼에도 거룩하지 못한 사람들이었고, 성소는 그렇게 거룩하지 않은 사람들 가운데서 자리 잡고 있는 거룩한 장소였다. 그들은 하나님의 성소에 접근할 수 없었고, 심지어 뜰도 울타리로 막혀 있었다. 그들은 뜰과 연접해 있는 문까지만 가까이 갈 수 있었다. 만일 함부로 접근하게 되면 죽음이라는 형벌을 받았다(민 1:51,

3:10, 38, 18:22).

성막으로 들어가는 유일한 입구는 에덴에서와 마찬가지로 동쪽에 있었다. 우리가 이미 보았듯이, 여호와께서는 사람이 생명 나무에 접근하는 것을 막기 위해 동산 앞에 장막을 세워두셨다. 모세 시대에 에덴의 장막이 회복되었고, 이제 사람이 그것을 건축해야만 했다.

케루빔은 에덴의 입구를 지키고 있었고, 모세의 성막에서도 케루빔을 볼 수 있다. 그들에 대해서는 앞으로 설명할 것이다.

에덴 동산으로 들어가는 입구엔 불 칼이 막고 있었다. 모세의 성막에는 그에 상응하는 것이 있었다. 바로 문 앞에 번제단이 있었고, 그 불은 결코 꺼지지 않았다. 번제단은 구리로 만들어졌는데, 이는 구리가 철보다 불을 더 잘 견디기 때문이었다(레 6:12). 그러나 불이 모든 입구를 막고 있었던 것은 아니었다. 창세기의 두루 도는 불 칼처럼 모든 방향에 설치된 것이 아니었다. 한 방향에만 고정되어 있었고, 들어오는 사람들을 위협하지 않았다. 제단 위에는 죄인을 대신할 대속제물, 곧 여호와께서 정하신 완벽한 희생제물이 바쳐졌다. 제물은 불에 의해서 살라졌고, 제단은 희생제물의 기름을 먹었다. 이로써 하나님께서는 안식의 향기를 맡으셨다. 이는 곧 하나님의 정의가 실현되었음을 의미했다.

번제단은 두 가지 재료, 즉 나무와 구리로 만들어졌다. 번제단에는 네 개의 뿔이 있었는데, 이는 구주의 십자가의 네 개의 끝에 상응한다. 구주께서 폭력적인 죽음을 당하신 것을 증거하는 피가 제사장에 의해서 네 개의 뿔에 발라져야 했다. 마찬가지로 구주의 피가 십자가의 각 끝에 뿌려졌다. 예수님의 머리에는 가시관이 씌어져 있었고, 그래서 십자가 위쪽에 피가 뿌려졌다. 양쪽 옆에는 주님의 손이 못에 박혔다. 그리고 주님의 발에 못이 박혔고, 그렇게 십자가에 못 박힌 주님의 발을 나무에 고정했다. 그리고 제단의 바닥에는 희생 제물의 나머지 피가 쏟아져야 했기에, 로마 군인이 창으로 구주의 옆구리를 찔렀고, 구주의 모든 피가 사망의 나무 바닥에 쏟아지게 되었다.

범죄한 이스라엘 사람들이 죄 사함을 받으려면, 레위기에서 정한 제물을 장막 문으로 가져와야 했다. 그 제물은 제사장이 검사하여 온전한 것인지를 확인해야 했다. 사실 완벽하게 의로우신 우리 주님만이 속죄하는 일을 하실 수 있으셨다.

제물을 바치는 사람은 제물에 안수해야 했고, 그렇게 해서 자신의 죄를 제물에게 옮겨야 했다. 그러한 행동은 이렇게 말하는 것이다. 즉 '나는 죽어야 마땅합니다. 이 제물로 나의 모든 죄를 대신 속죄하는 대속물이 되게 하소서!' 그리고 그 대속제물은 즉시 죽임을 당했다. "죄의 삯은 사망이기 때문이다." 그 희생제물의 가죽이 찢어졌다. 왜냐하면 그 희생제물이 하나님 앞에서 불의하고 또 하나님 앞에서 벌거벗은 죄인의 죄를 속죄해야 하기 때문이다. 그래서 우리 주님도 "범죄자 중 하나로 헤아림을 받으셨을 때" 모든 옷이 벗겨지셨다. 죽음 후에는 불에 살라졌다. 이는 죄인이 지옥 불에서 영원히 고통을 받아야 마땅하지만, 완전한 제사장에 의해서 그를 대신하는 완전한 희생제물을 바쳤기 때문에, 완전한 속죄가 이루어진 것을 의미했다. "이같이 제사장이 그 범한 죄에 대하여 그를 위하여 속죄한즉 그가 사함을 얻으

리라."(레 4장, 5장, 6장)

만일 장막이 에덴의 축소판이라면, 생명나무는 어디에 있을까? 이 문제는 우리가 성막의 가구를 다룰 때 살펴볼 것이다.

모세 시대에 세워진 장막은 분명 타락 이후 에덴 밖에 세워진 장막보다는 상당히 발전했다. 이스라엘은 아벨처럼 하나님이 거하시는 거처 밖에 거해야 했는데, 마찬가지로 새로운 에덴에 들어가 사는 것이 허락된 사람들과 그렇지 않은 사람들이 있다. 그렇다면 들어가는 허락된 사람들은 누구였을까? 제사장들과 아론과 그의 아들들이었다.

그들은 어떻게 들어갈 수 있었는가? 바로 거룩하게 구별되고 또한 자신을 깨끗하게 함으로써 들어갈 수 있었다. 그들은 물과 피와 기름으로 거룩하게 되었고, 물로 목욕했으며, 자신을 위해 속죄제사를 바쳤고, 거룩한 기름부음을 받았다. 그 후 그들은 에덴에서처럼, 하나님이 예비하신 특별한 옷을 입었다. 옷이 없는 사람은 심지어 제사장들조차도 들어갈 수 없었다. 제사장의 옷은 완전한 의(義)를 상징하는 순결한 흰색이어야 했다. 바로 이 완전한 의는 의로운 왕이신 하나님께서 자신을 가까이 하고 또한 자신과 함께 살고자 하는 사람들에게 요구하는 것이었다.

그러나 레위인들, 제사장들, 그리고 대제사장은 하나님께 가까이 나아갈 때 조심할 필요가 있었다. 일년에 한 차례만 대제사장이 지성소에 들어갈 수 있었다(레 16장). 제사장들은 성소에 들어갈 때마다, 혹은 놋 제단에 무언가를 바칠 때마다 물두멍에서 손과 발을 씻어야 했다. 만일 부정한 상태에서 가까이 가게 되면 죽임을 당했다. 사역에 참여하는 동안 포도주를 마시게 되면, 그것 때문에 죽음을 당했다. 레위인들은 비록 하나님의 선택을 받았고 또 특별히 봉헌된 사람들이었지만, 성막의 성스러운 기구를 만지거나 또는 성물(holy things) 즉 거룩한 그릇을 볼 수 없었다. 그에 대한 형벌은 죽음이었다(민 4:15, 19, 20, 18:3, 32).

물두멍

번제단을 지나가게 되면, 성소 앞에는 놋으로 만든 물두멍이 있었다. 이 물두멍은 에덴을 흐르는 강에 해당되는 것이었다.
여기서 우리는 두 가지 중요한 요소에 주목할 필요가 있다.

1. 에덴은 하나님에 의해서 창조되었으며, 장막은 인간에 의해서 만들어졌다. 그러므로 장막에는 피조물의 열등한 능력이 나타날 수밖에 없었다. 하나님은 강을 영원히 흐르는 운동력을 가진 것으로 만들 수 있었고 또 그렇게 하셨다. 인간은 이런 일을 할 수 없다. 인간이 이러한 강을 모방하려면, 그저 그릇에 물을 담을 수밖에 없었다. 성막의 물두멍이 그러했다. 물두멍은 또한 인간의 타락을 증거하는 것이었다. 에덴의 생명수는 인간이 마실 수 있는 물이었다. 반면 물두멍의 죽은 물은 제사장들의 손과 발을 씻고 또한 제물의 불순물을 씻어내기 위한 것이었다.

2. 모세의 성막은 이스라엘 진영이 이동할 때마다 항상 옮겨 다닐 수 있어야 했다. 따라서 장막과 그에 부속된 여러 기구들, 금으로 장식된 부속품들 등을 휴대용 크기로 만들어야 했으며, 심지어 언약궤조차도 궤 양쪽 고리에 채를 넣어서 옮길 수 있도

록 만들어졌다. 여호와의 거처가 다윗이 선택한 예루살렘으로 정해졌을 때에도, 성소를 구성하고 있는 기구들에 상당한 변화가 있었다. 하나의 물두멍은 열 개가 되었는데, 솔로몬은 이것을 "바다(sea)"로 불렀으며, 2,000개의 욕조로 구성되어 있었다.

제사장은 피로 또한 물로 씻은 후에야* 하나님의 집 또는 성막에 들어갈 수 있었다. 하나님의 집은 성소와 지성소, 이렇게 두 부분으로 나뉘어졌다. 성소로 들어가면 성소와 지성소를 구분하는 휘장이 걸려 있었다. 율법 시대에는 하나님의 목적을 이렇듯 가리고 있는 휘장이 있었다.

* 제사장은 번제단에서 제사를 드리고 나서, 그 후에 물두멍으로 나아왔다. 그러므로 이 세대에서 제사장으로 성별된 신자는 먼저 그리스도의 피로 깨끗함을 받아야 하고, 침례의 물에 의해서 씻음을 받아야 한다.

순금으로 싼 진설병 상

성막 안으로 들어가면, 순금으로 싸고 가장자리를 금 테로 두른 상을 볼 수 있었다. 이 상 위에는 두 줄로 열두 개의 빵이 놓여 있었는데, 이 빵 곧 진설병은 이스라엘이 매주 마다 왕이신 여호와께 바치는 것이었다. 열두 지파는 하나님께서 베푸신 풍성한 은혜에 대해서 이런 식으로 하나님께 경의를 표해야 했다.

진설병 상은 나무와 금이라는 두 가지 재료로 이루어졌다. 이 것은 그들의 왕이신 여호와의 식탁이었기 때문에 순금으로 쌌는데, 이는 승리를 기념하는 상이었으며 또한 왕의 식탁이었다. 여호와께서 그들을 이집트의 노예 상태에서 구출함으로써 승리하신 것을 기념하는 의미였다.

진설병 상 위에는 매주 갓 구워낸 열두 개의 빵이 놓여 있었다. 빵은 타락으로 인해서 저주 아래에 있는 인간을 상징했다. 나무의 열매가 에덴에서의 양식이었다. 인간이 밭의 채소를 먹어야 했던 것은 타락한 인간에게 내려진 사망선고에 대한 증거였다. 인간이 타락한 결과 땅이 저주를 받았고, 이에 땅은 가시덤불과 엉겅퀴를 내게 되었으며, 인간은 땅을 갈고 농사를 짓는 수고를 해야만 양식을 먹을 수 있었다.

진설병 또는 여호와의 임재의 빵을 올려놓는 상은 에덴의 생명나무를 상징했다. 이처럼 나무로 만들어진 진설병 상은 어찌 보면 생명나무를 상징하는 형편없는 모방품에 불과했지만, 그럼에도 하나님의 지시를 따르기만 하면 사람이 얼마나 짧은 거리만 움직여도 생명을 얻을 수 있는지를 보여준다. 사람은 자신이 만든 물건에 생명을 불어넣는 일을 할 수 없다. 그런 일은 하나님만이 하실 수 있는 일이다. 어쨌든 상을 이루고 있는 "나무"는 생명나무의 본질을 보여주기에 충분했다. 금은 썩지 않는 것, 곧 영원한 생명에 대한 상징이었다. 상 위에 있는 열두 개의 빵은 생명나무의 열두 가지 열매를 상징했다. 진설병은 매주 새롭게 구워져야 했다. 왜냐하면 하나님이 매달 맺게 하시는 생명나무의 열매는 한 달 동안이나 그 신선함이 완벽하게 유지되지만, 사람의 빵은 일주일 이상 완전한 상태로 유지될 수 없었기 때문이다.

등잔대

상 맞은편, 남쪽에는 일곱 개의 등잔이 달린 등잔대가 있었는데, 이것은 하나님의 교회를 상징하는 것이었다. 이스라엘이 제껴짐을 당한 후에 다른 백성, 곧 교회가 들어왔다. 등잔대는 하나의 재료로 만들어졌는데, 매우 귀한 재료였다. 우리는 요한계시록을 시작하는 초반부에서 그 의미를 볼 수 있다. 제사장이신 예수 그리스도께서 옛날에 에덴동산을 거니셨듯이, 일곱 촛대 사이를 거닐고 계셨다. 순금 진설병 상은 여기엔 보이지 않았다. 반면 출애굽기에서는 진설병 상이 등잔대보다 더 중요한 자리를 차지했다. 그 이유는 의심의 여지없이 교회가 지상에서 하나님의 증인으로 서 있는 동안에는 이스라엘이 하나님의 백성의 자리에서 제쳐졌기 때문이다.

등잔대의 형상은 꽃과 열매가 있는 살구꽃 형상이었다. 살구나무는 봄에 가장 먼저 꽃을 피우고, 겨울잠에서 가장 먼저 깨어난다. 그래서 살구나무는 장차 일어날 첫째 부활의 상징이다. 등잔대는 이렇게 묘사되고 있다. "그 꽃받침과 가지를 줄기와 연결하여 전부를 순금으로 쳐 만들고."(출 25:36) 여러 부분으로 되어 있음에도 불구하고, 열두 지파와는 달리 교회는 그리스도 안에서 하나여야 했다. 등잔대는 순금으로 만들어졌는데, 이는 하나님의 영에 의해서 새롭게 되고, 또 영적으로 무언가와 섞이지 않은 것이어야 했기 때문이다. 또한 등잔대는 쳐서 만들어야 했다. 그래서 주님은 "세상에서는 너희가 환난을 당하나"(요 16:33)라고 말씀하셨다. 종교개혁자 중 한 사람은 (내 생각엔 베자가) 이렇게 말했다. "그것은 많은 망치질을 견뎌낸 모루와 같다." 등잔대의 주된 목적은 빛을 비추는 것이었다(민 8:2, 3). 등불은 중보자와 대제사장에 의해서 꺼지지 않도록 관리되었으며, 저녁부터 아침까지 항상 여호와 앞에서 빛을 비추도록 등불을 보살펴야 했다(출 27:20, 21, 40:2). 이스라엘과 세상이 어둠 속에 묻혀 있는 동안 이제 교회가 지상에서 하나님을 증거하는 증인이다

교회는 에덴동산에 있던 "선악을 알게 하는 나무"와 같다. 하나님께서는 이 세대에서 하나님의 선택을 받은 사람들에게 그리스도를 통해서 하나님의 모든 계획을 알리시는 것을 기뻐하셨으며, 이로써 우리는 어두운 세상 가운데서 하나님을 아는 지식의 빛을 비출 수 있게 되었다. 빛을 계속해서 낼 수 있게 해주는 성분은 바로 성령을 상징하는 순수한 올리브 기름이었다.

하나님의 두 백성, 즉 이스라엘과 교회는 그리스도의 천년 통치 기간에 함께 나타나게 될 것이다. 성경의 모든 말씀이 성취될 때까지 성경의 일점 일획도 결코 없어지지 아니하고 다 이루어질 것이다. 이스라엘과 교회는 모두 아브라함의 자손이며, 아브라함의 육체의 자녀들과 그의 믿음의 자녀들이다.

분향단

진설병 상과 등잔대 사이에 서 있던 향단은 하나님께 올라가는 찬송을 상징하는데, 장차 이스라엘과 교회는 천년왕국 시대 동안 하나님께 찬송과 찬양을 올리게 될 것이다.

이 분향단 앞에는 아론의 제사장의 아들들이 들어 올릴 수 없는 휘장이 있었다. 휘장 뒤에는 또 다른 방이 있었는데, 이곳은 하나님의 임재의 장소로서 지성소다. 지성소는 새 땅과 거룩한 도시에 들어가 사는 구원받은 사람들의 영원한 상태를 말해준다(계 21장, 22장). 이런 이유 때문에 지성소는 이스라엘에게 항상 휘장으로 가려져 있었다. 이스라엘 자손들 가운데 영적으로 밝은 사람들 중에는 하나님의 경륜 속에 자신들 외에도 다른 백성들이 있을지도 모른다는 희미한 이해력을 가진 사람들이 더러 있었다(벧전 1:10-12, 행 15:14). 모세의 율법 시스템 속에는 불완전성이 내재되어 있었기 때문에, 모세의 율법은 모호하게 계시될 수밖에 없었다. 이는 구약시대의 하나님의 종들이 시련을 당함으로써 온전케 되는데 필요한 조치였다.

여호와의 임재가 머무는 지성소에는 하나의 기구만 있었는데, 곧 언약궤였다.

언약궤

언약궤를 만드는 재료는 두 가지였는데, 곧 (1) 나무와 (2) 순금이었다. 언약궤에는 제사장들이 언약궤를 옮길 수 있도록 고리와 채가 부착되어 있었다. 그 위에 왕관 모양의 속죄소가 있었는데, 이는 하나님께서 최종적으로 승리하실 것이기 때문이다(계 5:5). 그것은 또한 하나님-사람이신 그리스도의 모형이었다. 언약궤는 주로 여호와와 이스라엘 백성 사이의 언약을 기록한 두 돌판, 즉 "증거"를 담고 있는 긴 사각형 모양의 궤였다. 십계

명은 이스라엘의 열두 지파들이 온전히 지켜야 하는 것이었지만, 모세가 아직 산에 있는 동안 이스라엘의 우상숭배로 인해서 첫 번째 두 개의 돌판이 모세에 의해서 깨어졌다. 호렙산에서 거의 내려왔을 때 백성들이 우상 숭배를 하는 모습을 보자, 모세는 하나님의 손가락으로 쓰신 두 개의 돌판을 산 아래로 던져 깨뜨려 버렸다. 그렇지만 여호와께서는 두 개의 돌판을 다시 주셨고, 그 증거의 돌판을 언약궤 안에 넣게 하셨다. 왜 그렇게 하신 것인가? 하나님은 의(義)를 구원의 기초로 삼고자 하셨다. 언젠가 하나님께서 위에서 보내신 분에 의해서 그 의가 이루어져야 했기 때문이다.

의를 얻고 또 의를 통해서 영생을 얻을 수 있는 방법으로서 하나님의 율법을 준수하겠다는 언약은 죄를 지은 사람에 의해서 한 번도 실현된 적이 없었을 뿐만 아니라 앞으로도 실현되지 않을 것이다. 하나님의 법은 순종의 원칙으로서 하나님 자신을 사랑할 것을 요구한다. 하지만 사람의 마음 속 깊은 곳에 자리 잡고 있는 "육신의 생각은 하나님과 원수가 되나니 이는 하나님의 법에 굴복하지 아니할 뿐 아니라 할 수도 없다."(롬 8:7) 그러므로 그리스도께서는 하나님의 은혜에 의해서, 그리고 하나님의 계획을 따라서 우리의 책임을 대신 감당하셨고, 우리의 빚을 대신 갚으셨다. 그렇다. "행하라 그리하면 살리라"는 율법의 조건에 기초한 영생을 획득하고자, 그리스도께서 율법을 온전히 순종하셨다. 그리고 그리스도께서는 이렇게 자신이 획득하신 전리품(prize)으로서 이 의(義)를 신자에게 은혜로 나눠주신다. 선악과는 양심의 문제와 그에 대한 책임문제를 가져왔다. 반면에 그리스도의 사역은 이 두 가지를 모두 충족시켰다. 그러므로 에덴의 두 나무, (1) 지식의 나무와 (2) 생명의 나무가 영원한 조화를 이루게 되었다.

언약궤 안에는 하나님께서 구속하신 자들의 영원한 거처에서 제공되는, 썩지 않고 영생하는 양식의 상징인 만나를 담은 항아리도 있었다. 어린 양께서 자신이 구속하신 자들을 먹이실 것이다. 저주로 인해서 수고하고 땀을 흘려야만 얻을 수 있는 양식으로서 빵이 아니라 하나님의 선물로서 영생하는 양식으로 먹이실 것이다. 언약궤에는 아론의 싹난 지팡이도 있었는데, 이는 부활하신 그리스도를 상징하고 있다. 구원은 온전하신 제사장이신 그리스도, 부활하신 그리스도를 통해서만 온다. 언약궤를 덮고 있는 덮개가 필수적이었는데, 그 덮개에는 "속죄소 또는 시은좌"라는 이름이 주어졌다. 거기에 속죄의 피가 뿌려졌고, 이로써 계명에 반하는 모든 죄들이 제거될 수 있었다. 피는 일곱 번 뿌려졌는데, 이로써 속죄가 완전하게 이루어질 수 있었다. "율법을 따라 거의 모든 물건이 피로써 정결하게 되나니 피 흘림이 없은즉 사함이 없느니라."(히 9:22) 죄를 위한 속죄와 의(義)가 이루어졌기에, 이제 영생이 주어질 수 있게 되었다. "은혜도 또한 의로 말미암아 왕 노릇 하여 우리 주 예수 그리스도로 말미암아 영생에 이르게 하려 함이라."(롬 5:21)

속죄소(mercy-seat) 위에는 순금을 쳐서 만들어진 케루빔(또는 그룹) 둘이 있었는데, 하나의 케루빔은 이 끝에서, 또 하나의 케루빔은 저 끝에서 곧 속죄소 두 끝에서 서로를 바라보고 있었다. 케루빔은 땅에 있는 네 부류의 생명체를 대표하고 있었다. 동물의 우두머리인 사자, 가축의 우두머리인 황소, 새들의 왕인 독수리, 그리고 그들 모두의 우두머리인 인간의 모습을 하고 있었다(겔 1:5-14, 계 4:6-8). 케루빔이 언약궤와 속죄소와 일체를 이루고 있다는 것은 인간의 구원자께서 인간의 타락으로 인해서 깊은 고통을 겪게 된 동물을 포함한 모든 피조물까지 구속하실 것이란 사실을 알려준다. 그들의 얼굴은 서로를 향하고 있을 뿐만 아니라 속죄소를 내려다보고 있었다. 이것은 무엇을 말하는 것인가? 이는 곧 "피조물이 고대하는 바는 하나님의 아들들이 나타나는 것"(롬 8:19)이란 사실을 말해준다. 그러므로 무엇보다 하나님의 아들이시며, 완전한 희생제사를 바치신 대제사장이신 우리 주님이 우선적으로 나타나셔야만 한다(롬 8:20-23).

케루빔은 또한 날개를 가지고 있었는데, 이는 그들이 항상 땅에 거주하는 것이 아니라 새 하늘과 새 땅으로 자유롭게 오고 가게 될 것을 증거하는 것이었다. 하나님은 이스라엘을 자신의 백성으로 삼으시면서, 노아와 땅의 모든 생물과 이전에 맺으신 언약을 잊지 않으셨다. 모세의 하나님은 노아의 하나님이시며 또한 아담의 창조주이자 심판자이시기 때문이다.

지극히 높으신 하나님께서는 하나님과 언약을 맺은 모든 피조물의 대표인 케루빔 가운데 자신의 자리를 잡으셨다. 거기서 하나님은 모세를 만나셨고 또 그와 대화를 나누셨다. 이스라엘과 관련된 일은 그것이 무엇이었든 간에 타락한 세상을 구원하려는 하나님의 계획을 더욱 발전시키기 위한 것이었다. 하나님과 계획은 하나다.

케루빔은 모세 언약을 에덴 언약과 노아 언약을 연결시키고 있다. "이같이 하나님이 … 에덴 동산 동쪽에 그룹들(케루빔)과 두루 도는 불 칼을 두어 생명 나무의 길을 지키게 하시니라."(창 3:24)

아담의 시대에 케루빔은 낙원 밖으로 쫓겨난 인간이 생명나무에 접근하지 못하게 하려고, 일종의 심판의 차원에서 그곳을 지키고 있었다. 그러나 거기에도 자비가 있었다. 즉 죄의 속죄가 없는 상태에서 영원한 생명을 얻는 일은 그야말로 끔찍한 일이었기 때문이다.

모세의 시대에, 하나님의 인류 구속의 계획은 훨씬 더 진보적인 특징을 띠고 있었다. 불과 칼을 지나가면 생명의 빵으로 가는 길이 있었다. 제사장들은 거룩한 성소에 거하시는 여호와 앞에서 그것을 먹을 수 있었다. 율법 자체만으로는 하나님이 거하시는 지성소에 들어가는 일이 허락되지 않았다. 그래서 여호와께서는 (상징적으로) 의(義)로 옷을 입고 또한 범법을 속죄하는 일을 할 제사장들을 일으키셨다. 이 제사장들은 여호와께서 거하시는 성소에 들어갈 수 있었고 또한 생명나무를 상징하는 여호와의 식탁에서 진설병을 먹을 수 있었다.

그러나 노아의 언약과 연결되어 있다는 점이 더욱 분명해 보인다. 방주(the ark)는 홍수 당시 사람과 짐승을 구원하는 유일한 도구였다. 방주는 엄청나게 컸다. 왜냐하면 구원받은 자들을 모두 방주 안에 품어야 했기 때문이다. 그러나 모세 시대에 그들의 대표자인 케루빔들은 궤(the ark) 밖에 있었다. 하나님께서 그들을 언약궤 밖으로 불러내셨다. 물들이 물러갔고, 언약에 의해서 홍수로 생물을 멸망시키는 일은 더 이상 일어나지 않게 되었다.

물은 물두멍 안에 있게 되었다. 궤는 더 이상 나무가 아니라, 금으로 만들어졌다. 노아 시대에 방주는 역청으로 칠하고 덮었는데, 이것은 히브리어로 '속죄'를 의미했다. 모세 시대에는 궤를 순금으로 덮었다. 영생과 영광은 속죄가 이루어지고, 하나님께서 구속(救贖)의 역사를 완성하신 결과다. 케루빔은 번제단의 불에서 멀리 떨어져 있었다. 이는 피조물들이 새 땅에서 영원히 안전하게 거하게 되었기 때문이다. 그러므로 언약궤는 면류관을 쓰고 있다. 이는 사망을 이기고 승리함으로써 영생을 획득했기 때문이다! 인간 뿐만 아니라 피조물까지 속량하는 것이 하나님의 목적이었다. 그러한 하나님의 목적은 실패할 수 없다. 하나님께서는 의인 노아의 날에 그에 대한 증거를 주셨다.*

* 노아의 의가 그의 모든 가족에게 전가된 것에 주목하라. "여호와께서 노아에게 이르시되 너와 네 온 집은 방주로 들어가라 이 세대에서 네가 내 앞에 의로움을 내가 보았음이니라."(창 7:1)

여호와께서는 이스라엘을 이집트에서 속량하셨을 때에도 이 사실을 확증하셨다. 여호와께서는 이집트의 가축을 치셨지만, 이스라엘의 가축은 살려주셨다. 유월절 밤에 여호와께서 이집트의 장자들을 치셨을 때, 가축의 처음 난 것들은 치셨지만, 이스라엘의 장자들은 살려주셨다. 그것을 기념하는 뜻에서, 여호와께서는 이스라엘 자손들에게 사람과 가축의 태에서 처음 난 것을 다 구별하여 자신에게 바치라고 요구하셨다.

에스겔은 여호와의 보좌와 케루빔이 성전을 떠나 하늘로 올라가는 것을 보았다. 우리는 요한계시록에서 이 보좌와 케루빔이 하나님 심판의 보좌와 밀착되어 있는 것을 볼 수 있다. 케루빔은 그리스도께서 자신을 나타내자마자 하나님의 구원을 이루신 해방자와 그의 구속사역을 통해서 구원받은 자들을 알아보고서, 하나님을 경배했다(계 4장, 5장). 그런 다음 요한계시록은 심판이란 주제로 넘어가게 된다. 심판은 뱀과 그의 후손(seed)을 제거하려는 것이며 또한 모든 것을 영원한 토대 위에 세우려는 것이다. 그리고 최종적으로 영원한 세계에 대한 계시로 넘어간다.

영원한 세계

이 주제는 광대한 분야일 뿐만 아니라, 아무도 밟아보지 못한 미지의 영역이라고 할 수 있다. 그렇지만 요한계시록은 우리에게 두 가지 큰 영역, (1) 성전과 (2) 도시를 보여준다.

우리는 이 두 가지 주제에 대해서 살펴볼 것이다. 성전이 먼저 등장한다.

여섯째 인이 떼어지자, 요한은 온 땅에서 모여든 크고 셀 수 없이 많은 한 무리의 사람들을 보았는데, 그들은 흰 옷을 입고 손에 종려나무 가지를 들고 하나님의 보좌 앞과 어린 양 앞에 서 있었다. 요한은 그들이 큰 소리로 "구원하심이 보좌에 앉으신 우리 하나님과 어린 양에게 있도다"(계 7:10)라고 외치는 것을 들었다.

이 외침은 그들이 영원히 땅과 그 모든 수고와 시련을 떠나가면서, 외치는 첫 번째 기쁨의 함성이었다. 그들은 하나님 앞에서 의롭다고 인정을 받았다. 왜냐하면 그들은 하나님의 보좌 앞에서 흰 옷을 입고 서 있었기 때문이다. 그들은 마치 이스라엘 자손들이 홍해 반대쪽 바닷가에 서서, 자신들을 추격하는 큰 원수의 세력에서 완전히 벗어난 것을 보고서, 여호와를 찬송했던 이스라엘 백성들과 같은 모습을 보이고 있다.

출애굽기 15장을 보자. "아론의 누이 선지자 미리암이 손에 소고를 잡으매 모든 여인도 그를 따라 나오며 소고를 잡고 춤추니."(20절) 그리고 그들의 기쁨의 노래는 다음과 같았다. "너희는 여호와를 찬송하라 이는 주께서 영광스럽게 승리하셨음이라." 마찬가지로 부활한 거대한 무리들은 그들의 구원을 자신들의 공로가 아니라, 하나님과 그리스도의 공로로 돌리고 있다.

아무도 능히 셀 수 없는 큰 무리의 사람들(계 7:9)은 하늘의 별처럼 많은 아브라함의 믿음의 자손들이다. 그들은 마치 전에 이스라엘이 종려나무 일흔 그루가 있는 엘림에 이른 것처럼 보일 뿐만 아니라(출 15:27), 거기서 승리를 의미하는 종려나무를 얻은 것처럼 보인다. 그렇지만 그들은 아직 "물 샘 열둘"을 찾지 못했기에 어린 양께서 그들의 목자가 되어 주셔서 그들을 먹이실 뿐만 아니라 "생명수 샘으로 인도하시고 하나님께서 그들의 눈에서 모든 눈물을 씻어 주실 것이다."(계 7:17) 그들이 자신들의 구원을 어린 양의 공로로 돌리고 있기에, 이것은 하늘에서 진행되는 유월절이 분명하다. 그들이 종려나무 가지를 들고 즐거워하기 때문에, 이것은 하늘에서 기념하는 장막절이 분명하다!

이스라엘 백성들은 하나님의 산 앞에 이르렀기에, 성결하게 해야 했으며 또한 그들의 옷을 깨끗하게 빨아야 했다(출 19:10). 그리고 그들은 하나님에게서 멀리 떨어져 있었기에 두려움에 떨지 않아도 되었지만, 모세와 아론과 나답과 아비후와 이스라엘 장로 칠십 인은 산에 올라가서 거룩하신 이스라엘의 하나님을 뵈어야 했다(출 24:9-10). 천사들은 그들의 기쁨에 공감했다. 이것은 또한 하나님의 산 앞에서 이드로와 모세, 그의 아내와 아들들이 만났을 때 나누었던 기쁨이었다. 모세는 자신의 장인 이드로에게 여호와께서 그들을 위해 행하신 승리를 이야기했다. 그러자 "이드로가 여호와께서 이스라엘에게 큰 은혜를 베푸사 애굽 사람의 손에서 구원하심을 기뻐하여 이드로가 이르되 여호와를 찬송하리로다 너희를 애굽 사람의 손에서와 바로의 손에서 건져내시고 백성을 애굽 사람의 손 아래에서 건지셨도다"(출 18:9-10)라고 말했다.

장로 중 하나가 우리에게 알려준 것처럼, 큰 무리의 기쁨의 원천은 그들이 오랫동안 참고 견뎌야 했던 대환난이 끝났기 때문이다. 또한 그들이 마침내 그들을 환난에서 건지신 하나님의 임재 앞에 나아오게 되었기 때문이다(계 7:13-17).

이 하늘의 무리는 또한 주 예수님께서 고난을 당하시기 전날 베다니에서 예루살렘 성전으로 올라가는 길에 찬송을 불렀던 큰 무리로 상징되었다. 그때 두 부류의 사람들이 있었다. 한 부류의 사람들은 예루살렘에서 출발하여, 종려나무 가지를 가지고 주님을 맞으러 나가서 "호산나 찬송하리로다 주의 이름으로 오시는 이 곧 이스라엘의 왕이시여!"(요 12:13)라고 외쳤다.

우리 주님의 요청에 의해서, 두 제자가 나귀와 새끼 나귀를 끌고 왔다. 예수님은 그 위에 타셨고, 이로써 "시온의 딸아 크게 기뻐할지어다 예루살렘의 딸아 즐거이 부를지어다 보라 네 왕이 네게 임하시나니 그는 공의로우시며 구원을 베푸시며 겸손하여서 나귀를 타시나니 나귀의 작은 것 곧 나귀새끼니라"(슥 9:9)는 선지자의 예언을 이루셨다. 사람들은 자신들의 겉옷을 길에 폈고 또한 길가의 종려나무 가지와 잎을 베어 길에 깔았으며, 앞서 가는 무리와 뒤따르는 무리가 함께 "호산나 다윗의 자손이여 찬송하리로다 주의 이름으로 오시는 이여 가장 높은 곳에서 호산나"(마 21:9)라고 외쳤다. 그러자 "온 성이 소동하여 이르되 이는 누구냐?"(마 21:10)고 물었다. 그들은 성전으로 이동했고, 거기에서 구주께서는 자신에게로 오는 눈먼 자와 절름발이를 고쳐 주셨다. 아이들은 "호산나 다윗의 자손이여!" 라고 외쳤다. 하지만 의로우신 우리 주님의 원수들인 바리새인들은 그런 모습을 보고서 분노했다.

요한은 이 모든 것을 움직이게 한 원동력이 베다니에서 주어진 표적, 즉 우리 구주의 친구인 나사로의 부활이었다고 알려주고 있다. 그렇다면 왕국은 이미 시온의 딸에게 임한 것이 아니겠는가? 바로 여기에 이미 부활의 첫 열매가 나타났고, 천년왕국의 서광이 비추고 있었다.

복음서의 장면과 요한계시록의 장면은 유사한 점과 다른 점이 있는데, 모두 교훈으로 가득하다. 복음서에서 주님은 도시와 성전을 한 번에 들어가셨다. 요한계시록에선 성전이 도시보다 훨씬 앞에서 소개되고 있다(계 1장, 7장, 21장, 22장). 그 때 예수님은 무리들과 함께 예루살렘으로 들어가셨다. 하지만 요한계시록을 보면 주님이 백마를 타고 오시는데, 요한계시록의 끝 부분에 나온다. 주님은 이제 그 때처럼 "온유하지" 않으실 것이다. 만왕의 왕이요 만주의 주님으로서 우리 주님은 백마를 타고 오시는 "전쟁의 사람"이시다. 그때 외침은 "호산나!"(Save now)였다. 그러나 하늘의 궁정에서 울려 퍼지는 소리는 "구원이 이루어졌도다(Salvation come)!"는 것이다. 그 때에는 그리스도의 친구 중 한 명만이 살아났다. 그것은 우리 주님에 의해서 하늘에 있는 구원을 받은 큰 무리의 사람들에게 완전히 이루어질 부활의 표징과 증거였다. 그 때 이스라엘의 장로들은 증오심으로 가득하게 되었고, 예수님을 죽이려고 모의하기까지 했다. 그러나 이제 하늘의 장로들은 경배하고 있다. 그리스도를 대적하는 자들은 심판에 남겨지게 되고, 마침내 땅에서 멸망을 당하게 될 것이다.

요한계시록 7장의 큰 무리는 어린 양의 피에 그 옷을 씻어 희게 한 사람들이며, 하늘의 성전에서 섬기는 일을 하게 될 제사장들이다(계 1:5-6, 7:14-15). 그들을 거룩하게 하는 일이 완료되면, 그들은 흰 옷을 입고 성전에 들어가, 기쁨으로 예배를 드리는 새로운 권능을 행사하게 될 것이다. "그들이 하나님의 보좌 앞에 있고 또 그의 성전에서 밤낮 하나님을 섬기매 보좌에 앉으신 이가 그들 위에 장막을 치시리라."(계 7:15) 바로 여기서 우리는 부활의 몸에 깃들어 있는 힘을 느낄 수 있다. 그들 외엔 어느 누구도 하나님의 임재를 감당하거나 밤낮으로 쉬지 않고 섬길 수 있는 사람은 없을 것이다.

그들은 하늘에 있는 새 성전의 제사장들이다. 그들은 스스로 장막을 만들거나 장막을 칠 필요가 없다. 왜냐하면 "보좌에 앉으신 이가 그들 위에 장막을 치실" 것이기 때문이다(계 7:15).

이집트에서 속량을 받은 이스라엘 자손은 그들 앞에 놓여있는 광야를 통과하는 시련을 겪어야 했다. 그들은 배고픔을 견뎌야 했고, 목마름과 뜨거운 햇빛의 열기로 고통을 당해야 했다. 그러나 이제 하늘에 있는 큰 무리의 사람들은 모세보다 더 위대한 지도자, 그리고 아론보다 더 고귀한 대제사장을 모시고 있다. 모세와 아론은 죽었고 또한 묻혔다. 그러나 어린 양께서는 죽임을 당하고 무덤에 묻히셨지만, 지금은 부활 가운데 계신다. 어린 양께서는 하늘의 약속의 땅에 있는 영원한 도시로 그들을 인도하실 것이다.

그 때 그리스도의 구속을 받고 또 성별된 존재인 우리는 이 제사장직과 섬기는 일에 적합한 존재로 변화될 것이다. 사도 바울이 우리에게 보여준 것처럼, 우리는 어린 양의 피로 성별되었고 또한 우리의 몸은 침례의 순결한 물로 목욕을 한 사람들이기 때문에, 하늘의 장막 안에 있는 지성소에 이미 영으로 들어갈 수 있는 사람들이 되었다. 그 때 우리는 지금 우리가 기다리고 있는 영광스러운 부활의 몸을 입게 될 것이다. 우리는 현재 "양자 될 것 곧 우리 몸의 속량을 기다리고" 있다(롬 8:23). 우리는 여기 이 땅에서 제사장 직분을 감당해야 하는데, 그것은 바로 중보사역으로서 "모든 사람을 위하여 간구와 기도와 도고와 감사를" 하는 것이다(딤전 2:1).

위에 있는 성전은 구원의 첫 단계에 불과하다. 광야는 이집트의 노예생활과 채찍으로부터 이스라엘이 안전하게 된 첫 단계였다. 약속의 땅이 먼저가 아니었다. 그들은 계속해서 약속의 땅을 향해 전진해야 했으며, 불신이 그들의 길을 막을 때까지 계속해서 나아갔으며, 후퇴는 곧 광야에서 죽는 것이었다. 반면 우리의 최종적인 목적지는 하나님의 도시다.

하나님의 도시

하나님께서 지금 일하고 계신 세 가지 영역이 있는데, 곧 (1) 유대인, (2) 이방인, (3) 하나님의 교회다(고전 10:32).

육체적으로 구분되는 유대인과 이방인은 마침내 새 땅에서 동일한 위치에 서게 될 것이다. 마지막 영원 세계에서는 부활한 사람들과 육체를 입고 있는 사람들, 이렇게 두 부류의 사람들로 구분될 것이다.

우리는 태생적으로 이방민족에 속한 사람들이다. 그러나 하나님의 자비 덕분에 구원의 메시지가 모든 민족에게로 보내심을 받았다. "그러므로 너희는 가서 모든 민족을 제자로 삼으라."(마 28:19) 그리고 누가복음 24장 47절, "또 그의 이름으로 죄 사함을 받게 하는 회개가 예루살렘에서 시작하여 모든 족속에게 전파될 것이 기록되었으니"를 보라. 이스라엘도 이제는 여러 민족들 가운데 하나의 민족으로 취급되고 있다(눅 24:47).

그러므로 유대인이건 이방인이건 복음 메시지를 받아들인 사람들은 여러 민족들 가운데서 부르심을 받고 나와서, 하나님의 교회에 속하게 된다. 교회에 속한 사람들은 하나님을 위한 왕들과 제사장들로 봉헌된다. 눈으로 볼 수 없는 그리스도를 믿는 믿음에 의해서, 그리고 가시적으로는 침례에 순종하고 또한 주의 만찬에 참여함으로써 신자들은 왕과 제사장으로 섬기는 일을 한다.

침례는 죄와 사망 아래 있는 아담의 자손들로서 우리의 위치를 떠나는 것을 가시적으로(visibly) 나타내는 예식이다. 신자들은 하나님께서 명령으로 정하신 물에 잠기는(immersion) 침수례에 의해서, 개인적으로 아담에 대하여 죽고 장사를 지낸 존재가 된다. 신자들은 물의 무덤에서 나와서, 둘째이자 마지막 아담이신 그리스도에게 속한 존재가 된다. 그리고 주의 만찬은 그리스도와 한 몸을 이룬 새로운 몸을 보여준다. 그들은 형제간의 하나됨 안에서 새로운 제사장 가족들로서, 대제사장이신 주님이 그들을 높은 곳에 있는 성전으로 부르실 때까지 이 땅에 있는 하나님의 집에서 제사장 사역을 수행해야 한다. 그들의 감정, 희망, 원칙, 그리고 행실은 자신이 나온 민족들의 것과는 전혀 다른 양상을 띠게 된다. 왜냐하면 그들이 전에 속해 있었던 민족의 전통과 소망은 땅에 속한 것이며, 그들은 여전히 죄와 사망과 저주 아래 있기 때문이다. 따라서 우리는 위에 있는 허다한 제사장 무리들이 "각 나라와 족속과 백성과 방언에서" 나온 사람들이란 사실을 염두에 둘 필요가 있다. 그들은 이제 그리스도와 그리스도의 교회에 속한 자들로서, 세상은 그들에겐 그저 고난과 환난의 현장일 뿐이다. 이제 곧 은혜의 문이 닫히게 될 것이다. 그들은 이제 오로지 하나님의 도시에서만 영원한 기쁨을 찾을 수 있는 사람들이다.

이제 지극히 높으신 하나님께서는 우리를 자기 자신과 관련하여 교육하는 일을 하고 계신다. 하나님은 하나님 자신을 믿고 의지하도록 우리를 부르고 계실 뿐만 아니라, 그러한 믿음을 행사하라고 말씀하신다. 하나님은 하나님의 약속의 말씀과 사랑 안에서 소망을 가질 것을 우리에게 요구하신다. 이러한 것들은 구원받은 자들의 영구적인 성품이며, "목숨을 위하여 무엇을 먹을까 무엇을 마실까 몸을 위하여 무엇을 입을까"(마 6:25)를 염려하며 살아가는 세상 사람들과는 전혀 다른 기질이다. 세상 사람들은 이 세상을 살아가는 동안 탐욕을 부리며 또한 보물을 땅에 쌓아둔다. 우리는 그렇게 할 필요가 없으며, 그저 아버지의 보살핌과 사랑을 신뢰하면 된다. 우리는 이 땅에서 아버지의 돌보심을 받는 가운데, 우리의 보물을 하늘에 쌓아둔다. 우리는 장차 하늘에서 보상을 받게 될 것이며, 아버지를 섬기는 일에 바쳤던 모든 것을 하늘에서 찾게 될 것이다(마 5-7장). 하나님은 마침내 하나님의 도시에서 우리를 위한 모든 것을 제공해주실 것이며, 우리는 거기에서 아무런 걱정도 수고도 할 필요가 없다.

시련은 우리를 하나님의 거룩하심에 합당한 존재로 만들려는 목적을 가지고 있다(히 12:10). 왜냐하면 우리는 장차 거룩하신 하나님과 함께 영원히 사는 사람들이기 때문이다. 그러므로 거룩하지 않은 사람은 하나님의 임재에서 떠나가게 될 것이다.

우리는 하나님을 순종하도록 부르심을 받았다. 왜냐하면 하나님은 통치하고 다스리시는 분이시며, 따라서 불순종하는 자는 처벌을 받을 것이기 때문이다. 사탄은 우리 주님을 순종의 길을 벗어나게 하고자 애를 썼지만, 결국 실패했다. 그리스도는 순종의 결과로 "만왕의 왕"의 자리를 차지하셨다.

"범사에 감사하라 이것이 그리스도 예수 안에서 너희를 향하신 하나님의 뜻이니라."(살전 5:18) 우리 그리스도인은 세상의 불평하는 자들과 이스라엘의 원망하는 말을 했던 사람들과는 달라야 한다. 이스라엘 자손들은 원망하는 말을 한 결과, 약속의 땅에 들어가지 못했다.

우리를 천상의 길로 인도하는 은혜에 주목하고, 위에 계신 우리 아버지께서 제공하실 마지막 영광에 초점을 맞추어야 한다! 그렇기 위해선 우리 자신의 무가치함을 알고, 원망과 불평을 그쳐야 한다!

우리를 둘러싸고 있는 이방인들과의 관계에서 우리는 겸손하게 행하고, 낮은 처지에 있는 사람들에게 도리어 허리를 숙이고 낮은데 처하는 법을 배우도록 부르심을 받았다. "예수께서 이르시되 이방인의 임금들은 그들을 주관하며 그 집권자들은 은인이라 칭함을 받으나 너희는 그렇지 않을지니 너희 중에 큰 자는 젊은 자와 같고 다스리는 자는 섬기는 자와 같을지니라."(눅 22:25-26) 이에 구주께서는 친히 하나의 패턴으로서 본을 보여주셨다. 즉 주님은 친히 영광의 보좌에서 내려오셔서 종의 자리에 서셨고, 자기 목숨을 많은 사람의 대속물로 내어주셨다. 장차 만국백성들과 그들의 왕이 하나님의 도시의 시민들인 우리를 방문하고자 올라올 것이다. 그런데 우리는 그들의 상관으로서 교만한 태도로 그들을 영접하거나, 그들의 열등한 능력과 이해력에 대해서 참지 못하는 감정을 느껴선 안 된다. 우리가 지금 낮은 지위에서 인내하는 법을 배우는 것은 장차 더 높은 지위로 승격되었을 때를 준비하기 위한 과정인 것이다.

예루살렘은 구약시대엔 하나님의 제사장들과 왕들의 도시였다. 열두 지파들은 특별히 일 년에 세 차례씩 예루살렘으로 올라가 큰 절기를 지켜야 했다. 물론 이로 인해서 예루살렘에는 많은 무리의 사람들이 몰려들었기 때문에, 그들이 그곳에 머무는 동안 숙박문제를 해결하려면 예루살렘 시민들에 의해서 영접을 받아야 했다. 하지만 이스라엘 역사를 살펴보면, 예루살렘의 거주민들에게서 그런 우호적인 환대와 친절을 받았다는 기록이 없다. 우리 주님께서 예루살렘에서 마지막 유월절을 지키고자 올라가셨을 때에도, 제자들은 유월절을 어디에서 준비해야 할지 막막했기 때문에 주님께 물어야 했다. 예루살렘 시민들 가운데 예수님이나 제자들을 영접하겠다고 제안하는 사람은 아무도 없었다. 그래서 주님은 적합한 장소를 물색하셔야만 했다.

이제 이러한 관점에서 볼 때, 그리스도인은 어째서 이 세상을 사는 동안 손님 대접하기를 실천해야 하는지에 대한 설명이 되지 않는가? 사도 바울은 그리스도인들에게 "성도들의 쓸 것을 공급하며 손 대접하기를 힘쓰라"(롬 12:13)고 가르쳤다. 심지어 성전과 예루살렘에 대해서 여러 차례 언급하고 있는 히브리서조차도 우리에게 "손님 대접하기를 잊지 말라"(히 13:2)고 권면하고 있다. 교회를 다스리는 직분을 가진 사람은 "나그네를 대접하는" 일에 힘써야 한다(딤전 3:2, 딛 1:8). 그래서 나는 장차 부활한 사람들의 하늘 저택에는 적어도 하나의 "손님을 위한 방"이 있을 것이라고 생각한다.

이와 같은 목적을 위해 그리스도의 삶이 본으로 제시되었다. 주님은 광야와 산으로 올라가셨고 큰 무리가 좇았다. 예수께서는 눈을 들어 큰 무리가 자기에게로 오는 것을 보셨고, 이에 빌립에게 어떻게 이 사람들을 먹일 수 있는지를 물으셨다. 빌립은 당황했지만 주님은 전혀 당황하지 않으셨다. 주님은 이렇게 자신을 찾는 사람들을 가르치셨고, 그들의 병을 고쳐주셨으며, 또한 먹이셨다. 이런 일을 한데에는 세 가지 이유가 있었다. 주님은 사도들을 세워 사람들을 섬기는 일을 하게 하셨다(고전 10:24, 빌 2:4). 이러한 그리스도의 관대하심과 기적의 능력이 세 번에 걸쳐서 기록되었다. 주님은 큰 무리의 굶주림을 충족시키고자 "빵"과 "물고기"를 기적적인 방식으로 공급해주셨다. 빵은 아담의 죄 아래 있는 세상을 상징하고 있었고, 물고기는 홍수를 불러온 더 큰 타락을 상징하고 있었다. 타락의 결과 인간의 수명이 단축되었다.

하지만 마침내 새 예루살렘의 시민들 중에는 누구도 "어디에서 양식을 얻을 수 있는가?"를 걱정할 필요가 없다. 인간의 식단이 물과 과일로 돌아갈 것이기 때문이다. 두 가지 모두 손에 닿을 정도로 가까이 있을 것이기 때문에, 손님이나 손님을 대접하는 사람들이나 얼마든지 필요한 만큼 사용할 수 있다. 이러한 공급은 일 년 내내 풍족하게 지속될 것이다. 사탄은 우리 주님을 시험하면서 '빵을 먹어야 한다. 그렇지 않으면 죽을 것이다'라고 속삭였다(마 4:2-4). 그러나 우리 주님은 하나님께서 인간의 양식을 공급하고자 마련하신 다른 방법이 있다는 사실을 확증하셨다. 그리고 마침내 에덴과 풍성한 생명나무의 열매를 회복하셨다. 더 이상 광야에서 양식을 먹을 필요가 없고, 낙원에서 마음껏 먹을 수 있게 되었다. 우리 주님은 광야에서도 풍성한 음식을 공급하셨다. "다 배불리 먹고 남은 조각을 열두 바구니에 차게 거두었더라."(요 6장, 마 14장, 15장)

성경에는 이렇게 큰 무리의 사람들을 먹이는 내용이 상당히 많이 있다. 구약성경을 보면, 우리는 솔로몬 왕의 식탁과 그 상의 음식물의 광경을 보고서 한 여왕이 압도를 당한 이야기를 볼 수 있다. 솔로몬의 상에 매일 제공되는 음식물은 3만 명의 군대를 먹이고도 남을 정도의 양이었다.

요한복음을 보면, 주님을 파는 일을 하게 될 가룟 유다가 나간 후 주님과 제자들은 도시의 중심에 놓여 있는 만찬 상에 둘러앉았다. 이 상황에서, 우리 주님은 자신의 두 백성을 바라보셨다. 물론 이 둘은 새 예루살렘에 있는 하나의 거처에서 마침내 하나가 될 것이다.

(1) 주님은 이스라엘의 유월절을 기념하셨다. 하지만 영광의 왕국이 임할 때까지 주님은 더 이상 포도나무에서 난 것을 마시지 않으실 것이다.

(2) 주님이 떠나가 계신 동안, 신자들은 빵과 포도주를 가지고 새 언약과 죄 사함의 은혜를 기념하는 일을 해야 한다. 그리고 장차 사도들은 죽은 자들 가운데서 부활하여, 그리스도의 왕국의 식탁에서 인자와 더불어 다시 앉아 먹고 마시게 되는 그 날을 바라보아야만 했다(눅 22:14-30).

베다니에서 우리 주님을 위한 잔치가 열렸다. 순전한 나드 향기가 집에 가득했고, 죽었다가 다시 살아난 나사로가 예수님과 함께 앉아 있었다. 주님을 배신하게 될 가룟 유다로 인해서 잔치의 분위기가 흐려졌다. 오히려 주님은 그것이 자신의 장례를 위한 것이라고 말씀하셨다. 주님의 죽으심과 "장사지냄"은 곧 주님의 부활과 승천에 의해서 정복되었다.

주님은 부활 이후에 바닷가와 예루살렘에서 제자들을 만나셨다(요 21장, 눅 24장). 이러한 여러 차례의 만남은 주님의 백성들의 유익과 기쁨을 위해서, 주님과 하나님의 백성들의 만남이 얼마나 다양한 방식으로 이루어질 수 있는지를 보여준다.

동산

우리 구주 예수님의 역사는 "하나님의 낙원"과 우리의 관계에 대해서 빛을 비춰준다.

동산은 인간의 창조의 영광과 인간의 타락과 심판의 선고, 그리고 퇴출의 현장이었다. 에덴동산에서 퇴출된 이후 첫째 아담은 그의 어떠한 노력으로도 거기에 들어갈 수 없게 되었고, 오직 여자의 후손 곧 마지막 아담이신 그리스도를 통해서만 들어갈 수 있게 되었다.

동산에서 우리 주님은 고민하고 슬퍼하셨으며, "내 마음이 매우 고민하여 죽게 되었으니"(마 26:38)라고 말씀하셨다. 거기서 주님은 자신을 하나님의 공의에 내어주셨고, 제자들을 위한 대속제물로 자신의 목숨을 내어놓고자 결단하셨다(요 18장). 우리는 주의 만찬에 참여할 때마다 우리 주님이 우리를 위하여 대속 제물이 되신 것을 기억하고 기념한다.

우리 구주 예수님 또한 동산에서 십자가에 못 박히셨다(요 16:41). 거기서 고통, 수치심, 벌거벗겨짐, 목마름, 하나님의 저주가 우리 주님을 덮쳤다. 어둠이 그곳을 덮고 있었고, 지진이 일어났다. 이 모든 것은 죄인의 운명을 말해준다. 죄인은 자신이 지은 죄들과 영원히 함께 하게 될 것이다. 하지만 둘째 아담에게서 축복을 얻은 사람들에겐 영원한 빛이 있고, 흔들리지 않는 터를 가진 거룩한 도시가 있다.

동산은 또한 부활 승리의 현장이기도 했다. 구주께서는 십자가에 매달려 있는 동안에도 회개하는 강도에게 죽음 이후에 낙원에 들어가게 될 것을 약속하셨다. 우리 주님은 죽은 지 삼일째 되는 날 음부(Hades)에서 나오셨고, 승리 가운데서 동산으로 들어가셨다. 사망의 나무와 못과 목마름의 자리에서 벗어나게 되었고, 우리는 이제 생명나무와 생명나무의 열매와 끊임없이 샘솟는 생명수를 가지게 되었다. 낙원이 회복된 것이다! 어린 양의 피로 "자신의 옷(their robes)*을 씻는 자들은 복이 있다." 왜냐하면 "그들이 생명나무에 나아가며 문들을 통하여 성에 들어갈 권세를 받을 것"이기 때문이다(계 22:14).

* 역자주: 요한계시록에서 옷이란 단어는 외투를 의미하는 robes란 단어가 사용되었다. 이 단어는 요한계시록을 보면 6장 11절, 7장 9,13,14절에서 사용되었다. 킹제임스성경 22장 14절은 "그의 계명을 행하는 자들은 복이 있으니"로 번역되었지만, 다비역은 "자신의 옷을 씻는 자들은 복이 있으니"로 번역했다.

하나님의 계획에서 선한 행위가 차지하는 자리

신자들은 하나님의 아들께서 십자가에서 완성하신 완전한 사역을 믿는 순간 하나님의 순전한 은혜 속으로 들어가게 되며, 하나님께 열납된 사람이 된다. 이것은 신약성경이 증거하는 위대한 증언이다. 그리고 율법으로 되돌아가지 말라는 강력한 경고가 주어졌다(갈 4-5장, 히 12장).

우리는 은혜로 구원을 받았고 또한 영생을 하나님의 선물로 받았지만, 그럼에도 우리는 장차 우리가 행한 선한 행위를 따라서 상급과 영광과 면류관을 받게 될 것이다. 구원받은 자들 사이엔 영광의 차이가 있을 것인데, 이러한 영광의 차이는 각 사람이 행한 행위의 횟수와 그 행위의 질에 달려 있다. 이것은 사도 바울이 신자들이 게으르고 나태하고, 믿음의 경주에서 이탈하는 모습을 바라보면서, 한편으론 경고하고 또 한편으로 격려했던 위대한 교훈이었다(딤후 2:11-21).

예수님은 다윗의 혈통에서 나신 왕이시며 또한 죽은 자들 가운데서 부활하셨기에, 여자의 후손으로서, 인자로서, 다윗의 아들로서, 또한 하나님의 아들로서 자신에게 주어진 모든 약속을 성취하실 것이다. 그렇지만 우리와 관련해서는 "만일"이란 조건이 붙게 되었다. 즉 만일 우리가 그리스도와 함께 죽는다면 장래 어느 날 우리는 그리스도와 함께 살게 될 것이다. 만일 우리가 그리스도와 함께 고난을 당한다면 우리는 그리스도와 함께 다스리는 일을 하게 될 것이다. 만일 우리가 이러한 말씀을 무의미한 위협 정도로만 생각하거나, 아니면 자신은 이러한 경고가 전혀 해당되지 않는 특권층에 속해 있다고 생각한다 해도 하나님의 경고의 말씀은 확실히 우리 모두에게 그대로 이루어질 것이다. 하나님은 기록된 말씀을 철회하지 않으실 것이다. 지금 그리스도를 주(主)로 고백하지 않는 사람들은 그 때에는 너무 늦은 고백이 될 수밖에 없을 것이다. 상급에 대한 하나님의 진리를 부정하거나 또는 선한 행위를 하고 싶어 하는 다른 사람의 의지를 꺾는 사람들은 그들의 오류적인 성경해석에 따른 대가를 반드시 치르게 될 것이다(고전 3:12-15).

하나님이 처음 정하신 목적과 계획이 최종적으로 이루어질 것이다. 구원받은 사람들은 마침내 영생을 상속받게 될 것이다. 그러나 지극히 높으신 하나님께서는 말씀을 왜곡시키거나 말씀에 순종하지 않는 자들에겐 부끄러움을 당하게 하시고, 반면 선하고 순종하는 자들에겐 풍성한 호의를 베푸시는 방식으로 섭리하시는 여지를 남겨두셨다. 하나님의 영원한 도시는 하나님의 거대한 궁전이다. 그곳은 지상의 왕궁만큼이나 서로 다른 용도를 가진 다양한 공간으로 가득한 위대한 궁전이다. 지하 음식저장고도 있을 것이고, 식기 보관실도 있을 것이며, 보좌가 놓인 방도 있을 것이다. 더욱이 다양한 연회와 식사 접대에 적합한 서로 다른 품질의 그릇도 있을 것이다. 어떤 그릇은 금과 은으로 만들어졌고, 어떤 그릇은 나무와 토기로 만들어졌을 것이다. 이 모든 그릇들이 다 궁전에서 사용되는 것이긴 하지만, 어떤 그릇은 귀한 일에 쓰일 것이고 또 어떤 그릇은 천한 일에 쓰일 것이다.

이제 사도 요한은 지극히 높으신 하나님께서 마침내 구원받은 사람들의 각자의 공적에 따라서 그들의 섬기는 자리와 지위를 정하실 것이라고 증거하고 있다. 그러므로 하나님의 방식대로, 우리 앞에 설정해놓으신 영광을 추구하자! 예언의 책에 기록된 말씀에 무언가를 더하면 하나님께서 이 책에서 말씀하고 있는 재앙을 더하실 것이다. 이 책에서 무언가를 **빼면** 하나님께서 이 책에서 말씀하고 있는 그 거룩한 도시와 하나님의 낙원에 참여하는 특권을 **빼앗으실** 것이다(계 22:18, 19).

하나님 안에는 두 가지 위대한 원리가 영원토록 있을 것인데, 바로 (1) 은혜와 (2) 의(義)다.

이 두 가지는 각자 본래의 자리에 있어야 하며, 구원받은 성도들의 삶의 자리와 봉사에 있어서 각각 그 힘과 영향력을 발휘해야 한다. 이러한 가르침을 마음에 새기고, "우리 하나님과 구주 예수 그리스도"의 영원한 왕국에서 지극히 높은 자리로 승격되는 은혜를 얻기를 추구하자.

저자 소개

로버트 고벳(Robert Govett, 1813-1901)은 영국의 신학자이자 노리치주 서리 독립 교회의 목회자였다. 그는 찰스 스펄전과 마찬가지로 목사(Rev.)라는 칭호를 버리고 목회자(Pastor)라는 호칭을 사용했다. 그는 평생 독신으로 주님을 섬겼다.

고벳은 많은 책과 소책자를 썼으며, 그의 최고의 저술은 〈요한계시록: 성경으로 푸는 묵시록〉이다. 윌버 M. 스미스는 이 책에 대해서 "내가 읽어본 요한계시록 주석서 가운데 가장 심오한 주석서는 로버트 고벳의 작품이다"라고 평했다. 찰스 스펄전은 고벳의 책을 높이 평가했으며, "고벳은 자기 시대를 100년 앞서서 글을 썼으며, 그의 작품이 체질된 금처럼 소중히 여겨지는 날이 오게 될 것이다"라는 말을 남겼다.

그는 플리머스 형제단의 영향을 많이 받았으며, 특히 존 넬슨 다비의 저서들을 가까이 두고서 탐독했지만, 독립적인 노선을 지향했다.

그의 후계자는 D.M. 팬튼이었다. 그의 제자 중 널리 알려진 사람은 에반 홉킨스와 마가렛 바버였다. 웨일스 부흥 운동의 주역이었던 에반 로버츠의 동료인 제시 펜 루이스도 로버트 고벳과 친분이 있었다. 마가렛 바버는 워치만 니의 영적인 멘토로 알려지게 되었다.

형제들의 집 도서 안내

1. 조지 밀러 영성의 비밀
   조지 밀러 지음/이종수 옮김/값 1,000원
2. 수백만을 감동시킨 사람을 감동시킨 바로 그 사람: 헨리 무어하우스
   존 A. 비올리 지음/이종수 옮김/값 1,000원
3. 내 영혼의 만족의 노래
   W.T.P 월스톤 지음/이종수 옮김/값 1,000원
4. 모든 일을 하나님의 영광을 위하여 하라
   해리 아이언사이드 지음/이종수 옮김/값 1,000원
5. 잃어버린 영혼을 위해서 어떻게 기도해야 하는가
   오스왈드 샌더스, 찰스 스펄전 지음/이종수 옮김/값 1,000원
6. 윌리암 켈리의 칭의의 은혜(개정판)
   윌리암 켈리 지음/이종수 옮김/값 6,000원
7. 이것이 거듭남이다(개정판)
   알프레드 깁스 지음/이종수 옮김/값 9,000원
8. 존 넬슨 다비의 영성있는 복음
   존 넬슨 다비 지음/이종수 옮김/값 5,000원
9. 로버트 클리버 채프만의 사랑의 영성(개정판)
   로버트 C. 채프만 지음/이종수 옮김/값 7,000원
10. 영성을 깊게 하는 레위기 묵상
    C.H. 매킨토시 외 지음/이종수 옮김/값 5,000원
11. 존 넬슨 다비의 성경주석: 빌립보서
    존 넬슨 다비 지음/이종수 옮김/값 5,000원
12. 존 넬슨 다비의 히브리서 묵상(개정판)
    존 넬슨 다비 지음/정병은 옮김/값 11,000원
13. 조지 커팅의 영적 자유
    조지 커팅 지음/이종수 옮김/값 4,000원
14. 윌리암 켈리의 해방의 체험(개정판)
    윌리암 켈리 지음/이종수 옮김/값 4,500원
15. 존 넬슨 다비의 성경주석: 골로새서(개정판)
    존 넬슨 다비 지음/이종수 옮김/값 8,000원
16. 구원 얻는 기도
    이종수 지음/값 5,000원
17. 영혼의 성화
    프랭크 빈포드 호올 지음/이종수 옮김/값 1,000원
18. 당신은 진짜 거듭났는가?
    아더 핑크 지음/박선희 옮김/값 4,500원
19. C.H. 매킨토시의 완전한 구원(개정판)
    C.H. 매킨토시 지음/이종수 옮김/값 5,500원
20. 존 넬슨 다비의 하나님의 뜻을 분별하는 법
    존 넬슨 다비 지음/이종수 옮김/값 1,000원
21. 존 넬슨 다비의 성경주석: 요한계시록
    존 넬슨 다비 지음/이종수 옮김/값 10,000원

22. 주 안에 거하라
  해밀턴 스미스, 허드슨 테일러 지음/이종수 옮김/ 값 1,000원
23. C.H. 매킨토시의 하나님의 선물
  C.H. 매킨토시 지음/이종수 옮김/값 4,000원
24. 존 넬슨 다비의 성경주석: 에베소서
  존 넬슨 다비 지음/이종수 옮김/값 8,000원
25. 존 넬슨 다비의 영적 해방
  존 넬슨 다비 지음/문영권 옮김/값 7,000원
26. 건강하고 행복한 그리스도인이 되는 법
  어거스트 반 린, J. 드와이트 펜테코스트지음/ 값 1,000원
27. 존 넬슨 다비의 성경주석: 로마서
  존 넬슨 다비 지음/문영권 옮김/값 12,000원
28. 존 넬슨 다비의 성화의 길
  존 넬슨 다비 지음/이종수 옮김/값 4,500원
29. 기독교 신앙에 회의적인 사랑하는 나의 친구에게
  로버트 A. 래이드로 지음/박선희 옮김/값 5,000원
30. 체험을 위한 성령의 내주, 그리고 충만
  조지 커팅 지음/이종수 옮김/값 4,500원
31. 존 넬슨 다비의 성경주석: 갈라디아서
  존 넬슨 다비 지음/이종수 옮김/값 4,800원
32. 존 넬슨 다비의 성경주석: 요한서신서 · 유다서
  존 넬슨 다비 지음/문영권 옮김/값 8,000원
33. 존 넬슨 다비의 성경주석: 데살로니가전 · 후서
  존 넬슨 다비 지음/이종수 옮김/값 8,000원
34. 그리스도와의 연합과 구원(성경공부교재)
  문영권 지음/값 2,500원
35. 그리스도와의 연합과 성화(성경공부교재)
  문영권 지음/값 3,000원
36. 사도라 불린 영적 거장들
  이종수 지음/값 7,000원
37. 당신은 진짜 하나님을 신뢰하는가(개정판)
  조지 뮬러 지음/ 이종수 옮김/값 5,500원
38. 그리스도와 연합된 천상적 교회가 가진 영광스러운 교회의 소망
  존 넬슨 다비 지음/ 문영권 옮김/ 값 13,000원
39. 가나안 영적 전쟁과 하나님의 전신갑주
  존 넬슨 다비 지음/ 이종수 옮김/ 값 2,000원
40. 죄 사함, 칭의 그리고 성화의 진리
  고든 헨리 해이호우 지음/ 이종수 옮김/ 값 2,000원
41. 이것이 그리스도의 심판대이다
  이종수 엮음/ 값 8,000원
42. 존 넬슨 다비의 성경주석: 마태복음
  존 넬슨 다비 지음/이종수 옮김/값 16,000원
43. C.H. 매킨토시의 하나님에 관한 진실
  C.H. 매킨토시 지음/이종수 옮김/값 1,000원
44. 존 넬슨 다비의 성경주석: 여호수아
  존 넬슨 다비 지음/문영권 옮김/값 8,000원

45. 찰스 스탠리의 당신의 남편은 누구인가
　　　　　　　　　　　　　　　찰스 스탠리 지음/이종수 옮김/값 4,000원
46. 존 넬슨 다비의 성령론
　　　　　　　　　　　　　　　존 넬슨 다비 지음/이종수 옮김/값 13,000원
47. 존 넬슨 다비의 영적 해방의 실제
　　　　　　　　　　　　　　　존 넬슨 다비 지음/이종수 옮김/값 5,000원
48. 존 넬슨 다비의 주요사상연구: 다비와 친구되기
　　　　　　　　　　　　　　　　　　　　　　문영권 지음/값 5,000원
49. 존 넬슨 다비의 죽음 이후 영혼의 상태
　　　　　　　　　　　　　　　존 넬슨 다비 지음/이종수 옮김/값 5,000원
50. 신학자 존 넬슨 다비 평전
　　　　　　　　　　　　　　　　　　　　　　이종수 지음/ 값 7,000원
51. 존 넬슨 다비의 요한복음 묵상
　　　　　　　　　　　　　　　존 넬슨 다비 지음/이종수 옮김/값 8,000원
52. 프레드릭 W. 그랜트의 영적 해방이란 무엇인가
　　　　　　　　　　　　　　프레드릭 W. 그랜트 지음/이종수 옮김/값 4,500원
53. 홍해와 요단강을 통해서 나타난 하나님의 구원
　　　　　　　　　　　　　　　윌리암 켈리 지음/ 이종수 옮김/ 값 4,800원
54. 그리스도와의 연합을 위한 성령의 역사
　　　　　　　　　　　　　　　윌리암 켈리 지음/ 이종수 옮김/ 값 19,000원
55. 누가, 그리스도인가?
　　　　　　　　　　　　　　시드니 롱 제이콥 지음/ 박영민 옮김/ 값 7,000원
56. 선교사가 결코 쓰지 않은 편지
　　　　　　　　　　　　　　프레드릭 L. 코신 지음 / 이종수 옮김/ 값 9,000원
57. 사랑의 영성으로 성자의 삶을 살다간 로버트 채프만
　　　　　　　　　　　　　　　프랭크 홈즈 지음 / 이종수 옮김/ 값 8,500원
58. 므비보셋, 룻, 그리고 욥 이야기
　　　　　　　　　　　　　　　찰스 스탠리 지음 / 이종수 옮김/ 값 7,500원
59. 구원의 근본 진리
　　　　　　　　　　　　　　　에드워드 데넷 지음 / 이종수 옮김/ 값 6,500원
60. 회복된 진리, 6+1
　　　　　　　　　　　　　　　에드워드 데넷 지음/ 이종수 옮김/ 값 6,000원
61. 당신의 상상보다 더 큰 구원
　　　　　　　　　　　　　　프랭크 빈포드 호올 지음/ 이종수 옮김/ 값 6,500원
62. 뿌리 깊은 영성의 그리스도인으로 사는 법
　　　　　　　　　　　　　　찰스 앤드류 코우츠 지음/ 이종수 옮김/ 값 9,000원
63. 천국의 비밀 : 천국, 하나님 나라, 그리고 교회의 차이
　　　　　　　　　프레드릭 W. 그랜트 & 아달펠트 P. 세실 지음/이종수 옮김/ 값 7,000원
64. 존 넬슨 다비의 성경주석: 베드로전·후서
　　　　　　　　　　　　　　　존 넬슨 다비 지음/장세학 옮김/ 값 7,500원
65. 존 넬슨 다비의 영광스러운 구원
　　　　　　　　　　　　　　　존 넬슨 다비 지음/이종수 엮음/ 값 15,000원
66. 어린양의 신부
　　　　　　　　　　　W.T.P. 월스톤 & 해밀턴 스미스 지음/ 박선희 옮김/ 값 10,000원
67. 성경에서 말하는 회심
　　　　　　　　　　　　　　　C.H. 매킨토시 지음/ 이종수 옮김/ 값 9,000원

68. 십자가에서 천년통치에 이르는 그리스도의 길
　　　　　　　　　　　　　존 R. 칼드웰 지음/ 이종수 옮김/ 값 7,500원
69. 그리스도와의 연합이란 무엇인가?
　　　　　　　　　　　　　에드워드 데넷 지음/ 이종수 옮김/ 값 9,000원
70. 하늘의 부르심 vs. 교회의 부르심
　　　　　　　　　　　　　존 기포드 벨렛 지음/ 이종수 옮김/ 값 16,000원
71. 당신은 진짜 새로운 피조물인가
　　　　　　　　　　　　　존 넬슨 다비 외 지음/ 이종수 옮김/ 값 12,000원
72. 플리머스 형제단 이야기
　　　　　　　　　　　　　앤드류 밀러 지음/ 이종수 옮김/ 값 14,000원
73. 바울의 복음, 그리스도의 영광의 복음
　　　　　　　　　　　　　존 기포드 벨렛 지음/ 이종수 옮김/ 값 9,000원
74. 악과 고통, 그리고 시련의 문제
　　　　　　　　　　　　　　　　　　　이종수 지음/ 값 9,000원
75. 요한계시록 일곱 교회를 향한 예언 메시지
　　　　　　　　　　　　　존 넬슨 다비 지음/이종수 옮김/ 값 18,000원
76. 영광스러운 구원, 어떻게 받는가
　　　　　　　　　　　　　존 넬슨 다비 지음/이종수 엮음/ 값 13,000원
77. 영광스러운 교회의 길
　　　　　　　　　　　　　존 넬슨 다비 지음/이종수 엮음/ 값 22,000원
78. 존 넬슨 다비의 성경주석: 디모데후서, 디도서, 빌레몬서
　　　　　　　　　　　　　존 넬슨 다비 지음/이종수 옮김/ 값 15,000원
79. 성경을 아는 지식
　　　　　　　　　　　　　존 넬슨 다비 지음/이종수 엮음/ 값 18,500원
80. 십자가의 도
　　　　　　　　　　　　　존 넬슨 다비 지음/이종수 엮음/ 값 13,500원
81. 존 넬슨 다비의 성경주석: 고린도전후서
　　　　　　　　　　　　　존 넬슨 다비 지음/이종수 옮김/값 18,500원
82. 존 넬슨 다비의 성경주석: 사도행전
　　　　　　　　　　　　　존 넬슨 다비 지음/이종수 옮김/ 값 17,000원
83. 그리스도와의 연합을 위한 사도 바울의 기도
　　　　　　　　　　　　　존 넬슨 다비 지음/이종수 엮음/ 값 10,000원
84. 빌라델비아 교회의 길
　　　　　　　　　　　　　해밀턴 스미스 지음/이종수 옮김/ 값 10,000원
85. 무명한 자 같으나 유명한 존 넬슨 다비 전기
　　　　　　　　윌리암 터너, 에드윈 크로스 지음/이종수 옮김/ 값 12,000원
86. 성경의 핵심용어 해설
　　　　　　　　　　데이빗 구딩, 존 레녹스 지음/허성훈 옮김/값 9,000원
87. 존 넬슨 다비의 성경주석: 히브리서, 야고보서
　　　　　　　　　　　　　존 넬슨 다비 지음/이종수 옮김/ 값 17,500원
88. 존 넬슨 다비의 성경주석: 요한복음
　　　　　　　　　　　　　존 넬슨 다비 지음/이종수 옮김/ 값 17,000원
89. 신부의 노래
　　　　　　　　　　　　　해밀턴 스미스 지음/이종수 옮김/ 값 10,000원
90. 에클레시아의 비밀
　　　　　　　　　　　　　해밀턴 스미스 지음/이종수 옮김/ 값 10,000원

91. 존 넬슨 다비의 성경주석: 누가복음
　　　　　　　　　　　　　　존 넬슨 다비 지음/이종수 옮김/값 13,500원
92. 예수 그리스도를 따라 맨 밑바닥까지 내려가는 아름다움
　　　　　　　　　　　　　　조지 위그램 지음/이종수 옮김/값 7,000원
93. 존 넬슨 다비의 성경주석: 마가복음
　　　　　　　　　　　　　　존 넬슨 다비 지음/이종수 옮김/값 8,000원
94. 죄 사함과 죄로부터의 완전한 자유
　　　　　　　　　　　　　　조지 커팅 지음/이종수 옮김/값 7,000원
95. 성령의 성화
　　　　　　　　　　　　　　윌리암 켈리 지음/이종수 옮김/값 6,500원
96. 하나님의 義란 무엇인가
　　　　　　　　　　　　　　윌리암 켈리 지음/이종수 옮김/값 9,000원
97. 길이요 진리요 생명이신 그리스도
　　　　　　　　　　　　　　윌리암 켈리 지음/이종수 옮김/값 6,500원
98. 보혜사 성령
　　　　　　　　　　　　　　W.T.P. 월스톤 지음/이종수 옮김/값 24,000원
99. 존 넬슨 다비의 성경주석: 창세기
　　　　　　　　　　　　　　존 넬슨 다비 지음/이종수 옮김/값 8,600원
100. 존 넬슨 다비의 성경주석: 이사야
　　　　　　　　　　　　　　존 넬슨 다비 지음/이종수 옮김/값 9,400원
101. "그리스도와의 하나됨"을 통한 동일시의 진리란 무엇인가
　　　　　　　　　　　　　　클라이드 필킹턴 주니어 책임편집/이종수 엮음/값 9,000원
102. 존 넬슨 다비의 성경주석: 다니엘
　　　　　　　　　　　　　　존 넬슨 다비 지음/이종수 옮김/값 8,000원
103. 그리스도와의 하나됨을 통한 "양자 삼음의 진리"란 무엇인가
　　　　　　　　　　　　　　클라이드 필킹턴 주니어 책임편집/이종수 엮음/값 11,000원
104. 순례자의 노래
　　　　　　　　　　　　　　존 넬슨 다비 지음/문영권 옮김/값 12,000원
105. 존 넬슨 다비의 성경주석: 에스겔
　　　　　　　　　　　　　　존 넬슨 다비 지음/이종수 옮김/값 8,800원
106. 성경공부교재 제 1권 거듭남의 진리
　　　　　　　　　　　　　　이종수 지음/ 값 5,000원
107. 존 넬슨 다비의 성경주석: 잠언, 전도서, 아가서
　　　　　　　　　　　　　　존 넬슨 다비 지음/이종수 옮김/값 5,000원
108. 성경공부교재 제 2권 죄사함의 진리
　　　　　　　　　　　　　　이종수 지음/ 값 6,500원
109. 최고의 영광으로의 부르심
　　　　　　　　　　　　　　클라이드 필킹턴 주니어 편집/이종수 엮음/값 9,000원
110. 존 넬슨 다비의 성경주석: 예레미야, 예레미야애가
　　　　　　　　　　　　　　존 넬슨 다비 지음/이종수 옮김/값 9,000원
111. 존 넬슨 다비의 새번역 신약성경(다비역 성경)
　　　　　　　　　　　　　　존 넬슨 다비 지음/이종수 옮김/값 35,000원
112. 존 넬슨 다비의 성경주석: 소선지서
　　　　　　　　　　　　　　존 넬슨 다비 지음/이종수 옮김/값 20,000원
113. 삼층천의 비밀
　　　　　　　　　　　　　　클라이드 필킹턴 주니어 책임편집/이종수 엮음/값 17,000원

114. 존 넬슨 다비의 침례의 더 깊은 의미
　　　　　　　　　　　　　　　　존 넬슨 다비 지음/이종수 옮김/값 8,000원
115. 존 넬슨 다비의 성경주석: 시편(상)
　　　　　　　　　　　　　　　　존 넬슨 다비 지음/이종수 옮김/값 13,000원
116. 존 넬슨 다비의 성경주석: 시편(하)
　　　　　　　　　　　　　　　　존 넬슨 다비 지음/이종수 옮김/값 14,000원
117. 여자의 너울에 대한 교회사의 증언
　　　　　　　　　　　　　　　　　　　　　이종수 엮음/값 10,000원
118. 사랑하시는 자 안에서 우리를 열납해주신 하나님의 은혜의 영광
　　　　　　　　　　　　　　　　찰스 웰치 지음/이종수 옮김/값 10,000원
119. 존 넬슨 다비의 천국의 경륜이란 무엇인가
　　　　　　　　　　　　　　　　존 넬슨 다비 지음/이종수 옮김/값 10,000원
120. 존 넬슨 다비의 아버지와 그의 아들 예수 그리스도와 더불어 누리는 사귐
　　　　　　　　　　　　　　　　존 넬슨 다비 지음/이종수 옮김/값 8,000원
121. 존 넬슨 다비의 성경주석: 출애굽기
　　　　　　　　　　　　　　　　존 넬슨 다비 지음/이종수 옮김/값 9,000원
122. 헨리 무어하우스의 은혜의 영성
　　　　　　　　　　　　　　　　헨리 무어하우스 지음/이종수 옮김/값 15,000원
123. 존 넬슨 다비의 성경주석: 레위기
　　　　　　　　　　　　　　　　존 넬슨 다비 지음/이종수 옮김/값 14,000원
124. 죽은 자 가운데서 부활이란 무엇인가
　　　　　　　　　　　　　클라이드 필킹턴 주니어 책임편집/이종수 옮김/값 7,000원
125. 존 넬슨 다비의 성경주석: 민수기
　　　　　　　　　　　　　　　　존 넬슨 다비 지음/이종수 옮김/값 9,000원
126. 존 넬슨 다비의 교회의 황폐화란 무엇인가
　　　　　　　　　　　　　　　　존 넬슨 다비 지음/이종수 옮김/값 11,000원
127. 천상의 괄호란 무엇인가
　　　　　　　　　　　　　　　　R. A. 휴브너 지음/이종수 옮김/값 17,000원
128. 존 넬슨 다비의 성경주석: 신명기
　　　　　　　　　　　　　　　　존 넬슨 다비 지음/이종수 옮김/값 9,000원
129. 존 넬슨 다비의 성경주석: 사사기, 룻기
　　　　　　　　　　　　　　　　존 넬슨 다비 지음/이종수 옮김/값 7,000원
130. 개척교회 목회자 리더십과 성격유형(MBTI)
　　　　　　　　　　　　　　　　　　　　　이종수 지음/ 값 15,000원
131. 존 넬슨 다비의 성경주석: 사무엘상하
　　　　　　　　　　　　　　　　존 넬슨 다비 지음/이종수 옮김/값 12,000원
132. 존 넬슨 다비의 성경주석: 열왕기상하
　　　　　　　　　　　　　　　　존 넬슨 다비 지음/이종수 옮김/값 10,600원
133. 새 하늘과 새 땅, 그리고 새 예루살렘
　　　　　　　　　　　　　　　　로버트 고벳 지음/이종수 옮김/값 17,000원

영광스러운 구원에 들어가게 해주는 5가지 진리의 기둥

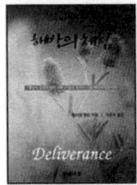    

    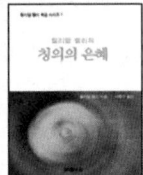

☆그리스도인이라면 죽기 전에 꼭 읽어야할 필독서☆

하나님께서는 그리스도 안에서 영광스러운 구원을 예비하셨습니다. 그리고 그처럼 영광스러운 구원에 들어가는데 **5가지 진리의 기둥**을 세우셨습니다.

이 기둥과 같은 진리를 순서대로 알아갈 때, 이전과는 다른 기쁨과 감동의 신앙생활을 할 수 있습니다. 정확히 알고 믿을 때에만, 성령의 능력이 임하고, 그리스도인 다운 삶을 살 수 있습니다.

순서대로 읽기를 권합니다. 다음 질문을 자신에게 적용해보고, 정직하게 답변해보시기 바랍니다.

☆ **당신은 물과 성령으로 거듭났습니까?**
당신은 하나님 앞에서 깨끗해지는 것을 경험했으며, 날마다 깨끗케 하고 있습니까? 알고 싶다면☞

1. 거듭남과 중생의 진리를 소개하는 책
  1) 이것이 거듭남이다/ 알프레드 깁스/ 9,000원
  2) 성경에서 말하는 회심/ C.H.매킨토시/ 6,000원
  3) 당신은 진짜 거듭났는가/ 아더 핑크/ 6,000원
  4) 거듭남의 진리/ 이종수/ 5,000원

☆ **당신은 영원한 속죄를 받았습니까?**
당신은 하나님 앞에서 당신의 모든 죄들이 단번에 영원히 속죄되었고, 영원히 거룩하게 되는 것을 경험했습니까? 알고 싶다면☞

2. 영원한 속죄의 진리를 소개하는 책

  5) 죄 사함과 죄로부터의 완전한 자유/ 조지 커팅/ 7,000원
  6) 죄사함의 진리/ 이종수/ 6,500원

☆ 당신은 하나님의 의를 받아서 의롭다 함을 받았습니까?
아니면 여전히 죄인이고 죄을 지을수밖에 없지만 하나님이 나의 죄들을 보지 않으실 거라고 믿고 있습니까? 알고 싶다면☞

3. 이신득의 진리를 소개하는 책
   7) 칭의의 은혜/ 윌리암 켈리/ 6,000원
   8) 하나님의 의란 무엇인가/ 윌리암 켈리/ 9,000원

☆ 당신은 로마서 7장 상태에서 8장 상태로 넘어갔습니까?
당신 속에서 끊임없이 죄를 짓도록 당신을 죄로 끌고 가는 힘을 느끼고 있습니까? 그것이 무엇인지 그 실체를 알고 싶습니까? 거기서 해방 받기를 원하십니까? 경험하고 싶다면☞

4. 영적해방의 진리를 소개하는 책
   9) 영적 해방이란 무엇인가/ F.W. 그랜트/ 4,500원
   10) 영적해방/ J.N. 다비 / 8,000원 /
   11) 해방의 체험/ W. 켈리/ 4,500원
   12) 당신의 남편은 누구인가/ 찰스 스탠리/ 4,000원
   13) 영적 해방의 실제/ J.N. 다비/ 5,000원
   14) 십자가의 도/ J.N. 다비 / 13,500원 /

☆ 당신은 그리스도와 함께 살리심을 받아 하늘에 앉는 것을 경험했습니까?
하늘에서 그리스도와 함께 앉아 있습니까? 경험하고 싶다면☞

5. 그리스도와의 연합의 진리를 소개하는 책
   15) 영광스러운 구원/ J.N. 다비/ 15,000원
   16) 영광스러운 구원, 어떻게 받는가/ J.N. 다비/ 13,000원
   17) 당신은 진짜 새로운 피조물인가/ J.N. 다비 외/ 12,000원
   18) 그리스도와의 연합을 위한 사도 바울의 기도/
       J.N. 다비/ 10,000원
   19) 존 넬슨 다비의 성령론 / 존 넬슨 다비/ 13,000원
   20) 그리스도와의 연합을 위한 성령의 역사/
       윌리암 켈리/ 19,000원

21) 보혜사 성령 / W.T.P. 월스톤/ 24,000원

☆ 당신은 그리스도와의 연합의 풍성함을 누리고 있습니까?
그리스도와의 연합 속에 담겨 있는 진리를 더 알고 싶습니까? 알고 싶다면☞

6. 그리스도와의 연합의 깊은 진리를 소개하는 책
   22) 그리스도와의 하나됨을 통한 동일시의 진리란 무엇인가/
       클라이드 필킹턴 주니어/ 9,000원
   23) 양자삼음의 진리란 무엇인가/
       클라이드 필킹턴 주니어/ 11,000원
   24) 최고의 영광으로의 부르심/
       클라이드 필킹턴 주니어/ 9,000원
   25) 삼층천의 비밀/ 클라이드 필킹턴 주니어/ 17,000원
   26) 죽은 자 가운데서의 부활이란 무엇인가/
       클라이드 필킹턴 주니어/ 7,000원

☆ 당신은 그리스도와 연합을 이룬 사람들의 모임, 그리스도의 몸으로서 교회에서 신앙생활을 하고 있습니까?
가장 신약교회의 진리에 충실한 교회를 경험하고 싶다면☞

7. 신약교회의 진리를 소개하는 책
   27) 에클레시아의 비밀/ 해밀턴 스미스/ 10,000원
   28) 빌라델비아 교회의 길/ 해밀턴 스미스/ 10,000원
   29) 요한계시록 일곱 교회를 향한 예언 메시지/
       J.N. 다비 / 18,000원
   30) 영광스러운 교회의 길/ J.N. 다비 / 22,000원

★ 형제들의집 베스트 30권
  낱권 구입 가능합니다. 시리즈로 묶어서 읽으시면 더 좋습니다.

도서구입 :
온라인쇼핑몰 brethrenkr.shop.co.kr
생명의말씀사, 갓피플몰, 지마켓, 쿠팡, 예스24, 알라딘

※ 이 책을 읽으시고 거듭남, 영적 해방, 그리스도와의 연합, 그리스도와의 하나됨을 통한 동일시의 진리에 관심이 있는 분은 유튜브 "다비신학연구원"을 검색해주시면 세미나 동영상을 보실 수 있습니다.

문의 : 이종수, 010-9317-9103
cafe.naver.com/darbytheologyinst
Youtube : "다비신학연구원"

존 넬슨 다비의 성경주석 시리즈 34권

그리스도와의 연합을 이룬 교회의 경륜을 따라
성경전체를 조망한 주석을 만난다!

신약 완간

1. 성경주석: 마태복음/ J.N. 다비/ 16,000원
2. 성경주석: 마가복음/ J.N. 다비/ 8,000원
3. 성경주석: 누가복음/ J.N. 다비/ 13,500원
4. 성경주석: 요한복음/ J.N. 다비/ 17,000원
5. 성경주석: 사도행전/ J.N. 다비/ 17,000원
6. 성경주석: 로마서/ J.N. 다비/ 12,000원
7. 성경주석: 고린도전후서/ J.N. 다비/ 18,500원
8. 성경주석: 갈라디아서/ J.N. 다비/ 4,800원
9. 성경주석: 에베소서/ J.N. 다비/ 8,000원
10. 성경주석: 빌립보서/ J.N. 다비/ 5,000원
11. 성경주석: 골로새서/ J.N. 다비/ 8,000원
12. 성경주석: 데살로니가전후서/ J.N. 다비/ 8,000원
13. 성경주석: 디모데전후서, 디도서, 빌레몬서/ J.N. 다비/ 15,000원
14. 성경주석: 히브리서, 야고보서/ J.N. 다비/ 17,500원
15. 성경주석: 베드로전후서/ J.N. 다비/ 7,500원
16. 성경주석: 요한서신서, 유다서/ J.N. 다비/ 8,000원
17. 성경주석: 요한계시록/ J.N. 다비/ 10,000원

구약

18. 성경주석: 창세기/ J.N. 다비/ 8,600원
19. 성경주석: 출애굽기/ J.N. 다비/ 9,000원
20. 성경주석: 레위기/ J.N. 다비/ 14,000원
21. 성경주석: 민수기/ J.N. 다비/ 9,000원

22. 성경주석: 신명기/ J.N. 다비/ 9,000원
23. 성경주석: 여호수아서/ J.N. 다비/ 8,000원
24. 성경주석: 사사기, 룻기/ J.N. 다비/ 7,000원
25. 성경주석: 사무엘상하/ J.N. 다비/ 12,000원
26. 성경주석: 열왕기상하/ J.N. 다비/ 10,600원
27. 성경주석: 시편 (상) / J.N. 다비/ 13,000원
28. 성경주석: 시편 (하) / J.N. 다비/ 14,000원
29. 성경주석: 잠언, 전도서, 아가서/ J.N. 다비/ 5,000원
30. 성경주석: 이사야/ J.N. 다비/ 9,400원
31. 성경주석: 예레미야, 예레미야애가/J.N. 다비/9,000원
32. 성경주석: 에스겔/ J.N. 다비/ 8,800원
33. 성경주석: 다니엘/ J.N. 다비/ 8,000원
34. 성경주석: 소선지서/ J.N. 다비/ 20,000원

"모든 성경학도가 평생을 곁에 두고 연구할만한 불후의 명작이다."

해리 아이언사이드, 무디기념교회 목회

"다비를 읽으라."

윌리암 켈리, 영성과 지성을 겸비한 플리머스 형제단 성경교사

"The New Jerusalem Our Eternal Home"
by Robert Govett
Copyright©Conley & Scholettle Publishing Co., Inc
P.O. Box 660594
Miami Springs, Florida 33166

Korean translation copyright
ⓒ 2024 by Brethren House, Korea
All rights reserved

새 하늘과 새 땅, 그리고 새 예루살렘
ⓒ형제들의 집 2024

초판 발행 • 2024.11.22
지은이 • 로버트 고벳
엮은이 • 이 종 수
발행처 • 형제들의집
판권ⓒ형제들의집 2024
등록 제 7-313호(2006.2.6)
Cell. 010-9317-9103
홈페이지 http://brethrenhouse.co.kr
카페 cafe.daum.net/BrethrenHouse
ISBN 979-11-6914-058-4 03230

＊값은 뒤표지에 있습니다.
＊잘못된 책은 바꿔드립니다.
＊서점공급처는 〈생명의말씀사〉 입니다. 전화(02) 3159-7979(영업부)